南無阿彌陀佛

Amitabha
Buddha

千佛大戒

2

1972

1972 年，

中美佛教總會於金山寺傳授首屆千佛大戒，這是西方首次的三壇大戒，為期 108 天，於 9 月 22 日圓滿。這是佛教史上非常重要的事，並為全人類的和平與和諧邁出了重要的一步。

上人勉勵同修善法：

「我們這是頭一次傳戒，將來是要做佛教的基礎人才，這都是特別重要的，所以各位多辛苦一點，不要馬馬虎虎的。」

「這個戒期圓滿了，我們的修行還沒有圓滿，還要繼續修行。我們這修行啊，就像那個流水似的，不應該停止。」

❶ 比丘恒具法師
❷ 比丘恒由法師
❸ 比丘尼恒賢法師

3

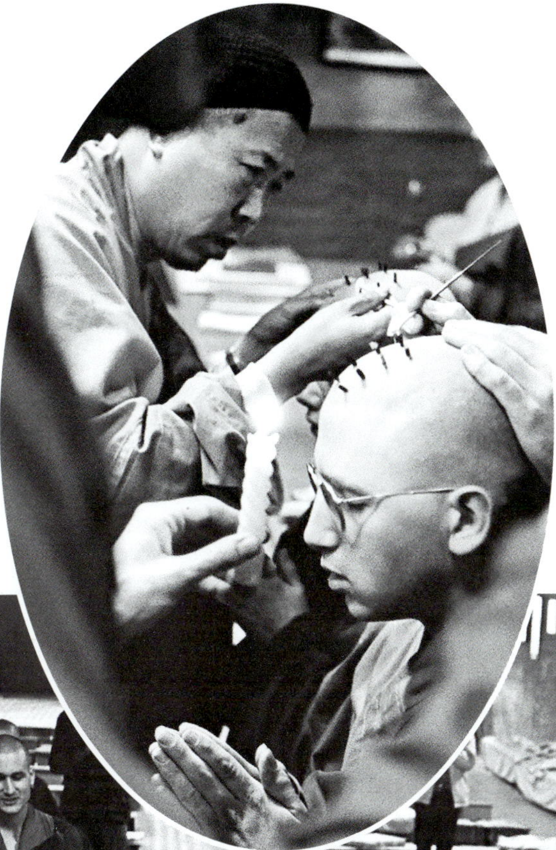

1970 年 11 月，成立金山禪寺；

4

1972 年 9 月 1 日，大門安置對聯是：

一切衆生 入不二法門 同證三覺地

百界諸佛 上座千華臺 莊嚴萬德天

道場

1972

1972 年 11 月 3 日，比丘恒謙 ❶，恒授 ❷ 和恒伯 ❸ 應香港佛教人士的邀請弘法，前往大嶼山慈興禪寺講解《妙法蓮華經》。慈興寺也因此成為香港第一座有西方僧侶的佛寺。啓程前，中美佛教總會僧團全體合影，以茲鼓勵，上人特別勉旃幾語以紀念此因緣：

切勿負吾歷年來誨導之苦衷，

務期佛教發揚光大，正法住世！

5

6

1972年，10月25日，上人領弟子（比丘恒謙、恒靜、恒伯、恒觀，比丘尼恒隱）以及居士謝冰瑩，前往張大千居士在加州卡梅爾小鎮畫室拜訪。11 月，73 歲國畫大師張大千於三藩市砥昂博物館（De Young Museum，又譯迪揚博物館）的亞洲藝術文化中心，舉辦四十年回顧展；上人帶領弟子前往展覽廳觀畫。12 月 14 日，上人再次造訪張大千的畫室，並贈予親筆偈頌墨寶。

善哉

上人說：

這一位張大千居士，他是我很久很久以前的老同參了，和我有特別的因緣。那麼有這個機會，就去和他談一談；一談，也很有緣。這個人，是很忠厚老實的一個人，很老實的。

7

1972

宣化法師

大千居題

精進圓成

1972冬季佛七紀實

彌陀佛七系列 1

宣化上人開示

一九七二年十二月七日至十二月二十一日

於美國三藩市金山禪寺

Amitabha Season Series

Contents

目錄

Contents

Contents

第二個七・佛七圓滿日，第十四天 197

附錄 209

阿彌陀佛 Amitabha Buddha

1972 12月8日至22日，金山寺舉行兩週佛七，圓滿當天是阿彌陀佛誕辰正日（農曆十一月十七日）；接著舉行一週禪七。上人說：「這個念佛七是難遭難遇的！我們信佛的人應該參加這個念佛七，來剋期取證，希望每一個佛教徒不要錯過這個機會。在這念佛七之後，又要有一個禪七，我們大家共同都修行，用功在一起。」

編者的話

一九七二年十二月八日至十二月二十一日，金山禪寺舉行了兩週的念佛七。圓滿當天是阿彌陀佛誕辰正日，即農曆十一月十七日；接著舉行一週的禪七。

法水清清流，流入大江南北貫西東；
法化無化無不化，緣化緣度。

所謂「法不孤起，仗境方生；道不虛行，遇緣則應。」為了讓佛法在西方扎根，上人於一九六八年在美國建立了第一個佛教僧團，這是美國宗教史上非常重要的一筆。上人除了每天講經說法之外，每年還舉行觀音七、大悲咒七、大明咒七、地藏七、彌陀佛七、禪

七、放生，讓僧俗四眾都能用功辦道。上人說：「無論你是打觀音七，還是打禪七、打佛七，都是同等重要的。我們這兒念念坐坐，是動中有靜，靜中有動；你願意修靜也可以，願意修動也可以，動不礙靜，靜不礙動，這是很圓融的法門。」

念佛就是用心在念，是真切的，很自然這麼全心來念佛。我們念佛，就像天地脈輪在我們自性中自然而隱隱地流潤，法的趣味，隨性迸發。如果念佛人能與阿彌陀佛有同樣的願力，他就能直下承接阿彌陀佛的慈悲功德；直下承接一味法，加持一切眾生，所謂心即是佛，佛即是心。上人的願力和慈悲心，與諸佛菩薩同等；如果我們緊跟著上人，我們也一定會成佛。這就好比一滴水投入大海，則與大海同其深廣。

佛芽處處迸，迸出小苗左右滿上下；
佛念無念無不念，覺念覺照。

在這個動盪的時代，天災人禍不斷，而且都是破壞性的。瘟疫、戰爭、饑荒、大洪災、大颶風、森林大火、暴風雪、火山噴發、強震在各地頻傳，接二連三，此起彼伏。身為娑婆世界的眾生，我們必須承受地水火風等各種苦惱事，無處躲藏。何處才是淨土？無常棒喝如何面對？有鑑於此，今編輯部擬彙整出來上人所講的淨土法門——「彌陀佛七系列」，本書為此系列第一本，今後將陸續出版這套叢書。希望大家都能發菩提願，共居淨土。

編輯部　謹識於二〇二四年五月

中美佛教總會
金山禪寺
百界諸佛上座千華臺莊嚴萬德天
一切眾生入不二法門同證三覺地
GOLD MOUNTAIN MONASTERY
SINO-AMERICAN BUDDHIST ASSOCIATION
金山寺
中美佛教總會

【前言】

念佛的人就是佛

——宣化上人一九七二年初・開示於金山禪寺

（編按：本文是上人於一九七二年初，佛七、禪七圓滿之後的開示。另外，本書中的佛七開示是在一九七二年十二月八日至二十二日所講，由於是同一年，所以為了完整起見，將本文列為前言。）

對這個念佛法門，我發覺所有的人還不太清楚，所以念佛就很馬虎的，工夫都沒有用好。這修行，參禪也就是念佛，念佛也就是參禪。你會參禪的人，也就會念佛；會念佛的人，才會參禪。念佛的人就是佛，參禪的人還談不到就是佛。為甚麼？你念「南無阿彌陀佛、南無阿彌陀佛……」，就有一個佛在你心裏；你心心念念都是佛，久而久之，你就變成佛了。阿彌陀佛接引眾生，就是因為眾生念佛已經變化成佛了；所以他把你的真性接到極樂世界去，華開見佛。

參禪的人怎麼還談不到是佛？因為參禪，參「念佛是誰？」他還在找佛呢！還不敢承當我是佛，所以他要找：「哦，念佛是誰呢？誰念佛呢？誰會念佛呢？念佛又是誰呢？」找來找去，這就向外跑了。

你看這個念佛，「念佛」就是佛回來了，回到自己心裏，不要向外找去了。所以我們人為甚麼要打佛七？就因為我們在這七天不打旁的妄想，就念佛，才能和佛打成一片了；念佛念到和佛打成一片，這樣我們決定往生西方極樂世界的，所以這念佛法門是非常好的！

那麼說，參禪好不好？參禪也很好，不過參禪要受苦，第一你要忍著腿子痛，第二你要時時刻刻看著自己不打妄想；所以比較上來，參禪比較困難一點，念佛比較容易一點。念佛，你隨時隨地都可以念「南無阿彌陀佛、南無阿彌陀佛、南無阿彌陀佛……」你念佛，佛就念你；彼此念念相連，就成佛了！所以這是很妙的法門。你們沒有細研究，就不知道念佛的好處，很少來參加我們的打佛七。今天佛七打完了，我告訴你們，你們錯過機會了，把這個好機會錯過了。我希望明年你把這個好機會再找回來！有人就說：「好！再有個念佛七，我無論如何都要忙裏偷閒來念念南無阿彌陀佛。」

我告訴你們一句真話，我最歡喜的就是念「南無阿彌陀佛」，我睡覺也念「南無阿彌陀佛」，作夢也念「南無阿彌陀佛」，走路也念「南無阿彌陀佛」，站著的時候也念「南無阿彌陀佛」，行住坐臥都是念「南無阿彌陀佛」；前後左右，阿彌陀佛都佔滿了，因為阿彌陀佛和我合成一個，沒有彼此的分別。你說這是妙不妙？還有再妙過這樣的？所以念佛法門是最妙的法門。你們沒有念出來工夫，當然對你講也不懂；你念出來工夫，盡虛空徧法界都變成「南無阿彌陀佛」了。說這又有甚麼用呢？那你不念又有甚麼用呢？你若天天能和佛在一起，那是再好都沒有的了。

今天，我不是叫你們大家後悔：你們今年真是錯過這個機會，太可惜了！幾千萬年也沒有遇著打佛七的法會，我們今生就遇到這種妙法了，這個機會就要成熟了。你們各位想一想！以前在美國，有哪個地方打念佛七的？恐怕在西方所有的國家都很少的。現在我們遇到這種法，不要錯過這個機會了！等到來年再有打佛七的時候，無論如何你不要再失去這個機會了，不要再錯過這個機會！這修行啊，就要修、要行，你若不修不行，那怎麼能修行？是不是啊？所以有這個佛法，你就要來這麼做。

方才說參禪，參禪不但不能即身是佛，而且還把自己都丟了。你看，他找「念佛是誰」；本來我念佛，他連自己都不認識了，「是誰啊？哪一個？」把自己都丟了。他把自己丟了不要緊，還把佛都丟了，因為他跑到外邊找「念佛是誰？」他不去想「作佛是誰？成佛是誰？」所以這個很容易走錯路的。永明壽禪師說：

有禪有淨土，猶如戴角虎；
現世為人師，來生作佛祖。
有禪無淨土，十人九磋路；
無禪有淨土，萬修萬人去。

如果有禪而沒有淨土，就會走錯路了。怎麼會走錯路呢？就是生了疑惑心了：「哦！成佛不是我，我不能成佛！」那麼，成佛是誰呢？念佛是誰，他都不知道了，何況成佛呢！何況作佛呢！所以很容易走錯路。但是還有很多人修行，因為沒有人修行就沒有這個法，所以一定要有人修行，才有這個法。

我也是修禪的，我也找了很久很久的；找念佛是誰，找來找去的。現在找著了沒？現在也不找了！為甚麼不找了呢？因為現在學懶了、學聰明了，不像以前那麼笨了。有人說：「那我們也都會這個。」你會這個，也可以用一用、試一試看！如果你能不打妄想，就可以的；要是還打妄想，還要找。

這個妄想，就要用這個法來把它制住；你要是把妄想制住了，那個法也不需要用了。現在講這個法的時候，把人的妄想又講出來了，有人就打妄想：「今年我錯過念佛和參禪的機會；這不是因為我錯過了，是因為師父沒有給我們講明白。我要是早知道這樣子，我無論如何也不錯過這個機會！就因為沒有講明白。」不錯！我講明白，你已經忘了；我幾千萬年以前就對你講，但是你不注意就忘了，到現在再講一講。

好像我們在打佛七的時候，有幾個人要回家去看父親母親，也不打七，所以把這個打七的機會錯過去了。這個是我叫他錯的，不是他們想要錯。說為甚麼師父叫人錯過這個機會呢？這有我的道理，因為他們是想去看父親母親，這是一種孝道。在這種情形之下，我來比較一下，他們要先盡孝道，然後再來修行，等一等不要緊。所以，我令他們失去這個念佛的機會。假如不是我叫他們失去的，他們誰回去，我就說：「不准！在這兒打佛七！誰也不准去度假，都要在這兒打佛七！」相信就會有很多人來打佛七了，不過我沒有這樣講。所以來日方長，順其自然地發展，*Everything's Okay!*（怎樣都可以！）

一九七二年冬季佛七紀實

這個念佛七，是很難遭難遇的，我們一年只有這麼一次機會。

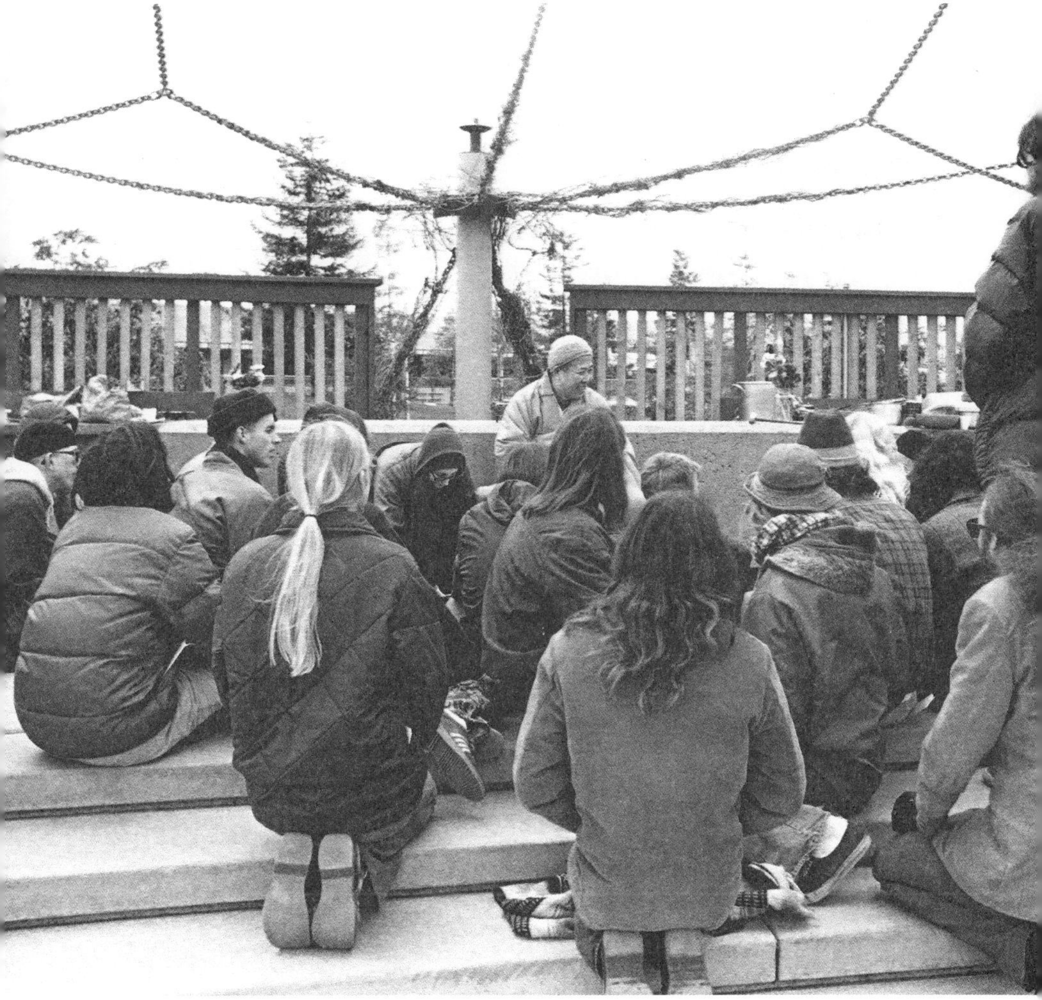

【十二月七日・星期四・晚間灑淨】

念佛了生死

今天灑淨，開始這個念佛七。念佛七就是念「南無阿彌陀佛」，以七天作為一個七。在這七天，可以念得一心不亂，得到念佛三昧，把這個癡闇的心滅除了，開大智慧。

為甚麼要七天？因為我們人，這個血液在身體上是「七日來復」，它七日輪流一大周，七日就這麼循環一大周。所以你在第一天念佛，這能換一換新鮮的氣血，氣也換新鮮了，血也換新鮮了。那麼，一天新鮮，兩天新鮮，三天新鮮，你到七天都是這麼新鮮，把這個氣血都換新鮮了，這樣你就會開大智慧。所謂新鮮，就是不黑暗了，不打旁的妄想。

你一心念佛，阿彌陀佛或者來給你摩頂，或者你見著光，或者見著花，或者見著佛的相好，這都是有多少感應。雖然這不能說完全是好，但是這是有感應了，你念佛念得有多少相應的地方。所以你在這七天，你把你這個氣血都換成了新鮮的氣血，沒有打妄想的那種氣血了，你就會開智慧，種深深的善根；也就是這個菩提種子，你已經種下了。

這個念佛七，是很難遭難遇的，我們一年只有這麼一次機會；並且這個月十七號是阿彌陀佛的誕辰，我們在阿彌陀佛誕辰之前打阿彌陀佛七，這是正好的。

我過去無論到任何的地方，都是在阿彌陀佛誕打念佛七。在（美國）這個國家裏，也只有我們這兒這麼樣認真去打佛七。其他的地方呢，就是有打佛七的，也只是一個名而已，不像我們這麼認真。說：「我們這兒，你是不是盡自己說自己好呢？」不是！我根本就不願意說自己的好，不願意說我們這兒怎麼樣、怎麼都是好的。但是你找我們壞的地方也找不著，所以不得不這樣說。

你們各位，無論出家人、在家人，遇著打佛七的機會，都應該參加這個佛七，不要錯過這個機會。這是一個成佛的道場，成佛的一個機會。你們現在把這個金剛的種子種下了，將來一定會結這個菩提果；也就好像你吃這個金剛，吃到肚裏頭，無論如何它都不會化的。你現在念佛，也就等於種下這個金剛種子一樣的，它甚麼時候也不會壞了。你不要以為念佛就是這麼「南無阿彌陀佛、南無阿彌陀佛、南無阿彌陀佛……」這能有甚麼益處呢？這個益處，是說不能盡的！

你看釋迦牟尼佛，在這一生之中，他最讚歎的就是念佛法門！所以《彌陀經》就是佛不問而自說的——沒有人請問，他自己就說了《阿彌陀經》。由這一點看來，這念佛法門是特別重要的！那麼念佛啊，就能生西方極樂世界，在過去中國有很多很多的人念佛得到往生的，這非常之多。

所以在這個國家，我又提倡念佛，又提倡參禪。為甚麼這樣呢？因為我願意教化出一些個「戴角的老虎」，戴犄角的老虎，人人見著都很害怕的；虎本來就很厲害了，又戴上兩個犄角，就更厲害了。所以將來你們各位都要做戴角的老虎。這個老虎戴上角，不是叫你們去吃人，是叫你們到處去弘揚佛法，令這個魔王一見著就都老實了，降伏天魔外道。這是個比喻，你不要以為這就是真的老虎生了兩個犄角，滿山各處去跑。這是言其「有禪有淨土，猶如戴角虎」，你又參禪又念佛，這就好像老虎有了角似的，是個比喻。

我們在這個佛七的期間，無論哪一個人都要發心來念佛，做工的人放工了回來也念佛。在念佛七的期間，這一切的語言課程都要停止，就是念佛。那麼講經呢，在打佛七的期間也來停止。在講經這個時間，我們改成講開示，講念佛法門。本來這個講經我不願意停止，因為這部華嚴經太長了，站一站，停一停，就少講了不少。但是打佛七，以佛七為主。我們人人都應該來參加，做工的人放了工回來，也都要來參加這個佛七，不要錯過這個機會；不要以為放工了，就休息休息。不要懶惰！啊，我們就因為無量劫以來這麼懶惰，所以到現在還是凡夫，一點也沒有成就。所以再不可以懶惰了，在不去做工的時候都來參加念佛。

不過這個天氣很冷的，各位要穿多一點衣服。你如果還覺得冷，就大一點聲念佛，念出一身汗來，就不冷了。好像講經，一用力講，也就出汗了；再喝一杯熱水，更出汗了。我們要用力來念佛，用這個念佛法門來了生死；所謂「見佛了生死，如佛度一切」，也好像佛那樣來度一切眾生。不要去和這個人「舂殼子」（閒聊），又去和那個人講一點是非。

在廟裏邊的出家人、在家居士，有時間就要來念佛；外邊的居士，也應該不要忘了到這兒來念佛。我們大家共同在一起念佛，看看誰先得念佛三昧。我們比賽一下，來競爭一下，以這個「要得念佛三昧」來作我們最好的遊戲。每人都顯一顯神通，看看誰的神通大，誰就先得到念佛三昧。不要把這個光陰空過了！

做工的人呢，禮拜六、禮拜天有兩天的時間，不要躲懶偷安，都要來念佛。我最歡喜的就是人念佛，誰念佛，誰就是我的好徒弟；

你誰不念佛，那就是我的壞徒弟。

過去打佛七，我沒有這樣說過，我沒有叫人一定來念佛，所以好多人就都懶了，又去 *holiday*（假期），又去 *vacation*（度假），又去「遊船河」，又去「遊車河」，各處去跑，啊！把光陰都空過了。今年呢，我一看，再要不叫你們來是不行了，所以你來，也要來；不來，也要來。你不來啊，你有麻煩，我就不管了。老實告訴你，你來了，你有甚麼麻煩，我可以幫幫你。我沒有甚麼力量幫人家忙，我連自己的忙都幫不了；但是，有的時候又可以幫少少的忙。為甚麼呢？我也不知道。怎麼樣幫忙啊？到時候再說。

第一個七
佛七，第一天
【十二月八日・星期五】

・口念心念，打成一片

阿彌陀佛大法王，普攝群機往西方；
晝夜持名專誠念，時刻觀想善思量。
一心不亂成三昧，萬慮皆空入蓮鄉；
頓悟無生佛身現，妙覺果位自承當。

這八句，是讚歎阿彌陀佛為大法王。我們這個恒謙法師，他（從香港）給我寫信就寫「師父法王」；師父是不是法王呢？這是不一定的；可是，阿彌陀佛肯定是個大法王。（編按：應香港佛教人士的邀請弘法，上人於一九七二年十一月三日派遣比丘恒謙、恒授和恒伯法師前往大嶼山慈興禪寺講解《妙法蓮華經》。）

阿彌陀佛大法王：「阿彌陀」是梵語（*Amitābha*），翻譯中文就叫「無量壽」，又叫「無量光」（*Amitāyus*）。壽無量，就是福無量；光無量，就是慧無量，也就是福慧無量。福也具足，慧也具足，福慧雙圓，所以叫無量壽、無量光。無量壽，能以令眾生也得到無量壽；無量光，使令眾生也得到無量光。為甚麼呢？佛不是自私的！沒有說：「這個無量壽只是我自己獨有的，你不可以有無量壽的。」也不會說：「這個光是我自己的，你眾生沒有份的。」誰念阿彌陀佛，誰就得到無量壽；誰念阿彌陀佛，誰就得到無量光。無量壽、無量光，是人人都可以得到的，所以「阿彌陀佛」這四個字，就是這麼不可思議，所以說「大法王」；阿彌陀佛是法中之王，不單是法中之王，而且還是大法王——你看，這厲害不厲害！

所以能念「阿彌陀佛」的人，都是具有善根的人；沒有善根的人，是遇不到這個法門。你說，這個法門多簡單，就是叫你念一念就可以了——你就念「南無阿彌陀佛」，你就可以成佛——啊，又不費錢，又不費力，你只要能念，就可以得到無量壽、無量光！

我們只是這麼一念，為甚麼就能得到？啊，這可是太便宜了！我們一點力也不費，就得到這個法門。這是因為當初阿彌陀佛在因地修道的時候，他修種種的法門也不成功——修這個法門，修幾百個大劫也沒有成佛；又修那個法門，修了幾百個大劫，又不成佛——修種種的法門，修得非常地艱難、非常地不容易，也沒有成佛。因為艱難不容易，所以他就發了願，說：「我修佛法這麼樣的困難，我要發一個願，令眾生非常容易就成佛，不要像我那麼艱難了。」因為這樣，所以阿彌陀佛就發了四十八願。

普攝群機往西方：這四十八願，願願都是普攝群機。所有的十方眾生，只要你能稱念「南無阿彌陀佛」，你能念我的名號，就決定能接引你來我的國土成佛；你若不成佛，我也不成佛，我也不取正覺！

阿彌陀佛發了這四十八個大願，所以十方眾生，無論誰能稱念「南無阿彌陀佛」，誰都和阿彌陀佛深深地結法緣。你這個法緣結下了，不知不覺就跑到西方去了，所以說普攝群機。你還不知道怎麼地就到了：「哦？我沒買飛機票，怎麼到西方了？我也沒買火車票、也沒買船票、也沒買巴士票，甚麼票都沒有買，啊！就到了西方極樂世界了。」你說這是不是一個便宜的事呢？

阿彌陀佛以前費了那樣多的精神，修了那樣多的苦行，才成佛了。我們只要念念「阿彌陀佛」這個名號，就會到西方極樂世界去，你說這是不是一個便宜的事情？這真是沒有比這再方便再便宜的了！這真是啊，「易！易！易！百草頭上祖師意。」（出自《指月錄卷之九•襄州居士龐蘊者》）你看，這易得太容易了，容易到極點了，所以說普攝群機。

我們在這兒，阿彌陀佛和每一個人都有一條線，好像一個無線電波似的——啊，你在這個地方念一句阿彌陀佛，阿彌陀佛那個地方的雷達就有你一個影子，就現出一個你；或者再往淺近了說，可以說是*television*（電視）或那個傳真機一樣，哪一個人念佛，阿彌陀佛就知道你這個心的波浪就傳到阿彌陀佛的國土了。你看這妙不妙呢？這叫「普攝群機往西方」。

晝夜持名專誠念：晝，就是白天；夜，就是晚間。那麼，晝也念「南無阿彌陀佛」，夜也念「南無阿彌陀佛」；也就是，動的時候也念「南無阿彌陀佛」，靜的時候也念「南無阿彌陀佛」。動中念到不動了，靜中念到不靜了，就是非動非靜，在這個境界上就有多少相應了，你打給阿彌陀佛的電報就打通了。

這「持名」，就是專持「阿彌陀佛」這個名號，「南無阿彌陀佛，南無阿彌陀佛……」，不要把佛丟了，不要把佛忘了，不要把佛不記得了。你能晝也念「南無阿彌陀佛」，夜也念「南無阿彌陀佛」，念到行不知行、坐不知坐、渴不知渴、餓不知餓、動不知動、熱不知熱，甚麼都念沒有了。這時候，念到人也空，法也空，就和阿彌陀佛打成一片了；啊！阿彌陀佛就變成自己了，自己也就是阿彌陀佛了，分也分不開了，放也放不下了，這叫「專誠」。

「專誠念」，誠心這麼念佛，甚麼妄想也沒有了——也不想中國現在怎麼樣了；也不想日本現在怎麼樣了；也不想印度那個總理（編按：英迪拉・甘地，*Indira Gandhi*；總理任期一九六六年一月十九日至一九七七年三月二十四日以及一九八〇年一月十四日至一九八四年十月三十一日），是「甘地夫人」，她怎麼樣了。哦！這個用不著的妄想，你打它幹甚麼！不打這些個雜念妄想，就專誠念，念到不知道今天是哪一天，明天是甚麼日子也不知道了，甚麼也不知道了，就到那個妙的境界上了。

有人說：「那豈不是愚癡了嗎？」愚癡？就是你要「養成大拙方爲巧，學到如愚始見奇。」你看那個顏淵，孔子說：「吾與回言終日；不違，如愚。退而省其私，亦足以發。回也，不愚。」我與顏回整日談話，他也不反對我，好像個愚人似的，*very stupid*（很愚笨）；但是，等到顏淵回到他自己房裏頭去，我再考查他的行為；去看一看他，他真的就照著我的話去做，還有所發揮，有新的發明。所以顏回不是個愚人啊！你若能學到「如愚」這個樣子，這不錯的！

講到這裏，想起我這個讀書時候的貢高。我在一開始讀書時讀得很慢的，笨得不得了，讀來讀去也不知道怎麼背書。本來把書都記得清清楚楚的，一到老夫子面前，就像見了閻羅王似的，喔！就都忘了。因為那個老夫子，拿著就像我們這個香板的板子，在那個地方等著你、看著你——你一看他那個樣子，已經就嚇得那個魂都跑了，把背的書就都忘了。這是中國舊學堂的教學方法；這太過了，把小孩子都給嚇得不會哭也會哭了。

那麼，我以後讀書入門了，就讀得很快（書背誦很快）；我讀一個鐘頭的書，其他同學讀五天也讀不完。老師當時就對我說：「你真像顏回似的，看不出你這麼聰明！」我一聽老師這麼樣讚歎我，就生了貢高心，又想：「喔！我和顏回一樣了，那我會不會跟顏回一樣的年紀就死了？」我也就給自己起一個別名，叫「如愚子」。這就是一個貢高的名字。

念佛，你能念到把甚麼都放下了——如愚，就像一個笨人似的；可不是吃藥（迷幻藥物）吃得像一個笨人似的，吃藥那不算。你念佛能念到這樣子，啊！那就豁然貫通了，就會開悟了。所以說「晝夜持名專誠念」。

時刻觀想善思量：時時刻刻的都觀想，觀想甚麼？觀想：

阿彌陀佛身金色，相好光明無等倫；
白毫宛轉五須彌，紺目澄清四大海。
光中化佛無數億，化菩薩眾亦無邊；
四十八願度眾生，九品咸令登彼岸。

觀想阿彌陀佛的相好光明，時刻觀想，不要放鬆了，還要善思量；要想阿彌陀佛的善境界，不要去想那些用不著的俗事，這就叫「善思量」。

一心不亂成三昧：你若能到一心不亂的境界上，就可以得到三昧定了；你得到定了，這一心不亂也要像這「如愚」樣子似的。你們跟著我學，切記不要學我這個貢高。我以前是很貢高的，現在我覺得誰都比我好，所以把這貢高放下了；人愈比我好，我愈高興，我愈歡喜，絕對不妒忌人。為甚麼呢？人家比我更好，那當然是好了嘛，為甚麼還要比人家好？我不需要比人家好，我比哪一個人都不好。這是我的宗旨。

萬慮皆空入蓮鄉：「萬慮皆空」，就是甚麼憂愁也沒有了，甚麼也不用擔心了，甚麼念頭也都沒了。你一個妄想也沒有，不憂愁了，也沒有煩惱了，萬慮皆空，而入蓮鄉；入到這個蓮華的世界去了，入到蓮華鄉村裏頭去了。

頓悟無生佛身現：我們到這時候，即刻就了悟這個無生法忍了，就是明白自己本來的面目了；在這時候，佛的法身也現出來了。

妙覺果位自承當：「妙覺」就是佛；佛的果位，佛的地位，你自己可以直接承當了。有人說：「哦，我現在也是佛了！」不是你想你是佛就是佛了，這不是想的，「佛」不是想的。你要真證得佛的法身，真證到佛的果位，那才是佛呢！並不是說：「我想我是佛，我就是佛。」你想你是鬼，你就是鬼？所以這要各位努力來修這個念佛法門。

你們如果能念到一心不亂、萬慮皆空了，當下就得到好處了，當下就是清淨。所以這個念佛的法門，也是妙不可言的一個法門。念佛要念到甚麼樣子上呢？念到就好像小孩要吃糖似的——小孩子吃過糖了，覺得甜，總想要吃，捨不得放下。念佛也要這樣子，念到好像吃糖那麼甜；不是「好像」這樣，「真是」這樣子！你若念佛念得有一點工夫了，喔！你這甘露水，左一口也喝不完，右一口也喝不完。觀音菩薩看你念佛念到喉嚨乾了，就送給你一點甘露水，所以你就甜了，口裏是甜的——會念佛的人，口裏是甜的。但是你也不要執著這個甜的，你一執著它：「啊？怎麼這麼甜？」它又不甜了。這個法就是這麼不可思議的！你一思議，它就不是這樣子了。

為甚麼你一執著它，它就沒有了？因為一執著它這個甜，你就生出一種貪心了：「我現在就歡喜吃這個，這麼甜啊，也不要買糖吃了，還可以省一點錢。」觀音菩薩一看你這麼慳貪，就不給你甘露水了，所以也就不甜了。你們誰有這種境界，切記不要想它甜不甜！你就是念佛，念得愈真愈好！你念佛念得不斷了，那就有成就。或者你念佛念到見光、見花、見佛，這都是善的境界；不過，你都不要貪著；你一貪著，它就跑了——就和這個甘露水是一樣的。

今天是打七的第一天，還有六天，在這六天的機會還很多；這第一個七還有六天，加上第二個七，還有十三天；還沒到第二個七，所以還有很多機會都可以得到一心不亂。不過，你也不要懶惰，不要說：「哦，我很多機會的，我等慢慢再得！」也不要等，尤其晚間的「大迴向」，要特別誠心，都要念佛啊、迴向啊，跪那兒唸那個觀想的文，都要特別誠心，至誠懇切，有多少誠心就放上多少誠心；放上多少？萬分之萬分！不要說百分之百分，就萬分之萬分，愈多愈好。

每個人在這個打七的期間，一定要得到一種利益，才沒有白打這個七；不然的話，你這麼辛苦，一點好處也得不到，那是太可惜了。

今天就講這麼多。

第一個七

佛七，第二天

【十二月九日・星期六】

・精進圓成，高登九品

風動水靜演摩訶，眾鳥同鳴雅興奢；
正信正願正行者，念佛念法念僧歌。
精進圓成三不退，禪那高登九品多；
親見彌陀慈悲父，骨肉重逢樂如何。

風動水靜演摩訶：「風動」，在極樂世界那兒，「微風吹動，諸寶行樹，及寶羅網，出微妙音；譬如百千種樂，同時俱作。」（出自《佛說阿彌陀經》）風一動，音樂就奏了。「水靜」，極樂世界的水是很靜的，它不像我們娑婆世界的海浪那麼高、那麼大，為甚麼呢？

它沒有大風。不像我們這個世界，有的時候又颳了颶風，有的時候就下大雨了，有的時候又熱得不得了，有的時候又冷得不得了。現在冷了，過幾天又會有人傷風了——這也是風動，可是這個動跟那個動不同。「演摩訶」，演是表演，表現出來；摩訶是梵語（*Mahā*），翻譯中文是「大」；甚麼大呢？就是大乘法；演摩訶，就是演大乘法。

眾鳥同鳴雅興奢：「眾鳥同鳴」，極樂世界這些白鶴、孔雀、鸚鵡、舍利、迦陵頻伽、共命之鳥，都來說法；所以「雅興奢」，「奢」就是很多的；「雅興」就是很高興、很快樂的，還很文雅的，不粗氣，不是像跳搖擺舞那麼樣亂七八糟的，大家都是很守規矩的。

正信正願正行者：要正信，不要邪信！不要信有那個神了、鬼了，或者有一點小小的鬼通，或者有小小神通的，「喔！我知道明天有多少人到這個道場來，或者都是男的，或者都是女的，或者都是老的，或者是少的，我知道。」這沒有用的！你知道又怎麼樣啊？你不吃飯，餓不餓？問你。你若能不吃飯、不餓了，那可以的！好像果甲，可以三天不吃飯；我知道果乙，五天不吃飯就受不了了，餓得都想要偷東西吃，以後，一吃又吃多了，廁所就忙了，一天到晚跑廁所那麼多次，廁所的生意都好了。所以，你若真有本事，你可以一年不吃飯，一百天不吃飯。你能那樣子，你就比有鬼通、有神通都好一點！為甚麼？最低限度就是節省物質了——這個世界上的物質不滅了——不做一個消費者。所以要正信，不要邪信；要正願，不要邪願。正願，就是要發願生西方極樂世界、發願成佛，而不是去發那些個邪知邪見的邪願。要正行，修行就要行正法，不要像天魔外道盡做一些魔事來欺騙人，不要那樣子。正行者，正行的人。

念佛念法念僧歌：「念佛」，就念南無阿彌陀佛；「念法」，就念《阿彌陀經》；「念僧歌」，就念僧伽，好像唱歌似的那麼念佛、念法、念僧。念佛，也念十方一切佛；念法，也念十方一切法；念僧，也念十方一切的賢聖僧。極樂世界的小鳥都在叫喚，都是在念佛、念法、念僧。如果你念佛念到殊勝了，你無論聽見甚麼聲音，都是「南無阿彌陀佛」呢！都是在那兒念「南無阿彌陀佛」，入了念佛三昧，佛聲接接連連不斷的，所以「念佛念法念僧歌」。

精進圓成三不退：「精進」，我們這個佛七，這是做甚麼？精進呢！精進甚麼？念佛呢！精進念佛。「圓成」，圓是圓滿了，成是成就了，圓滿成就三不退。「三不退」，就是：(1)念不退：總發菩薩心、行菩薩道的念不退。(2)位不退：既然念不退了，你就能登菩薩的地位；到菩薩的地位了，你就能不退墮二乘。(3)行不退：你總是修六度萬行，所以你修行不要往後退，永遠往前精進。這是精進圓成三不退。

禪那高登九品多：你在念佛七的時候，有止靜就可以修禪，「禪那」就是思惟修。你能持念「南無阿彌陀佛」，這是思惟修了，就可以「高登九品多」，九品就是蓮華九品；上品上生，這九品多——這個「多」，也可以說是往生西方淨土的人很多，也可以說是登最高那一品的人很多；所以往生西方淨土的就多了，就高了。（編按：阿彌陀佛淨土，有九品蓮臺，即：上品上生、上品中生、上品下生、中品上生、中品中生、中品下生、下品上生、下品中生、下品下生。）

親見彌陀慈悲父：我們人在這個世界上，說這個是我父親，那個是我母親。這都是你在世俗間的父母，但是，你還有法身的父母；法身的父母是誰呢？就是阿彌陀佛。阿彌陀佛，是我們每一個念佛的人的慈悲父，他最慈悲了！無論我們怎樣的頑皮、調皮、不守規矩，只要我們肯念「南無阿彌陀佛」，他就把我們的罪業都消了。所以這個念佛法門，是橫超三界，帶業往生的。因為我們有個慈悲父親，他保護著我們，幫助著我們，讓我們生到極樂世界，這一切的業障也都消了，善根就會增長了；所以，我們要「親見彌陀慈悲父」。

骨肉重逢樂如何：親見阿彌陀佛了，這才是真正的法中之親，真正的至親骨肉，真正的一家人！到了極樂世界，這種快樂是無量無邊的，是無有眾苦，但受諸樂。

・地震話題，不准地震

你們知不知道有個預言家，她以前說甘迺迪（John F. Kennedy）會怎麼樣子被人槍殺，甘迺迪就被人槍殺了。這個預言家又說，明年（一九七三年）一月四號和五號三藩市要地震。你們大家對這個事情有甚麼感想？

上人：果地在嗎？地，會不會震呢？

果地：不知道。

上人：地震，人人都怕了，就怕這個地震。你這個「果地」應該管著地的，管著這個事情；天上的事情你不要管，你就管著地上的事情。每一個人有甚麼意見，講一講。都沒有人願意講話，大約是都願意地震？都歡喜地震？我們今天這開一個地震討論會，我看哪一種人多，是願意地震的人多呢？還是不願意地震的人多？你們怎麼說，吾從眾，哪一種人多，我們就用哪一種。

果地：假如地震能令人開悟，那也沒有關係的。

一位比丘尼：我們當然都希望沒有地震。

上人：你們在第一個暑假班的那一年（一九六八年），那個預言家說得最嚴重，她在正月間就說四月一定要地震，所以就有很多的人都從三藩市搬跑了，尤其有錢的人都不敢在三藩市住了。當時我就說：「不會有地震。我在三藩市一天，三藩市就不會地震。」結果也沒有地震。以前每逢有人說地震，我告訴你們，不會地震！這一次就不同了，你們相信不會地震，我告訴你們會地震，你們要是怕地震的就趕快跑；要不怕地震的，就在這兒等著地震。到時候它震，就隨它震；它要不震，你們又過去這一個難關了！他們跑，就隨他們跑去啦。我還是這樣講：「我在三藩市一天，三藩市就不會地震。」我要跑了，那我就不管了；我跑到香港去，或者跑到臺灣去，或者跑到巴西去，那這個地方就不管了。你等我甚麼時候跑，你們也就跑；我要不跑，你們也不要跑，哈！因為我不願意到海裏去。

前幾年有人說地震，我就說「不准地震」；現在說又會地震，但是，我還是「不准地震！」無論誰說要地震，我就說「不震！」你願意相信那個人，就相信那個人；願意相信這個人，就相信這個人，隨個人的自便。信不信由你！

地震這個事情啊，無論甚麼事都沒有一定的；如果有一定的，那就是個死的，因為它是活動的。或者三藩市今年應該地震，但是它又搬到旁的地方去了。好像有一年（一九七〇年）又說三藩市要地震；秘魯那裏本來沒有說要地震，它那個地方就地震得那麼厲害，這是很奇怪的事情。（編按：一九七〇年五月三十一日，在秘魯的安卡什地區發生地震規模7.9到8.0。）秘魯那個地方要地震，它沒有人知道：

三藩市這兒不地震，他們說這兒要地震。這不知道是怎麼搞的？

我再告訴你們，我們打念佛七，就是叫它不要地震。大家來念佛，念到阿彌陀佛一看：啊！這幾個人還是有點誠心，在冰箱裏這麼樣苦也不怕，就叫那地方堅固一點了，好像鐵那麼堅固，不怕地震。所以我們打念佛七，一方面是念「南無阿彌陀佛」，求生極樂世界；一方面又是請阿彌陀佛保護著三藩市，平安無事。所以我們要為大眾來著想，誠心念「南無阿彌陀佛」，這樣甚麼事情都沒有了，甚麼事情都平安了。我這個說法，信不信由你們！

我不管你信不信，但是過了明年（一九七三）一月，你們就知道我說這個話是真的還是假的了。說這樣就是這樣，沒有改變的！我不需要你們相信我，但是你們也不要太相信那個天魔外道所講的話。我還是這一句話：「**不是不會地震，就是不准地震！**」

第一個七

佛七，第三天

【十二月十日・星期日】

・吾輩精誠，彌陀接引

青黃赤白妙蓮華，朵朵霞光照美加；
吾輩精誠念聖號，佛陀接引菩提薩。
七日摩頂授別記，百劫業障盡消化；
切望諸賢勤努力，西方極樂是君家。

今天這八句話，也可以說是八句偈頌，也可以說是八句詩，也可以說是八句讚。在我們這個佛七裏邊，說這麼幾句偈頌，令大家更發多一點心，更拿出一點真誠的心來念佛。

青黃赤白妙蓮華：西方極樂世界的蓮華，都是放光的。「青」就是青色青光的蓮華，「黃」就是黃色黃光的蓮華，「赤」就是赤色赤光的蓮華，「白」就是白色白光的蓮華，四色的蓮華有四種的光，所以是「妙蓮華」；不像我們娑婆世界的蓮華，都是不放光的。

那麼說，西方極樂世界的蓮華是放光的，這與我們又有甚麼關係呢？不錯，西方極樂世界，離娑婆世界這兒有十萬億佛土那麼遠，比到月球更遠——月球還是在我們這個世界，沒有到其他世界去。到西方極樂世界，要經過十萬億佛土，有那麼遠。有人說：「在那麼遠有四種蓮華，這跟我們現在念佛，沒有甚麼關係吧？」不是的，是有關係的。我們這兒一念佛，在我們這個金山寺裏邊，就變成了極樂世界的境界。

昨天沒說嗎？「七寶行樹，七重羅網，啊！都是念佛、念法、念僧的聲音」；我們在這兒一念佛，金山寺這個佛堂也就有青黃赤白的蓮華現出來了，蓮華是重重無盡的，沒有數量那麼多。我們每個人念佛，每個人就現出一朵蓮華來；你發心大的，蓮華就大一點；你發心小，蓮華就小一點。隨你的心量，而蓮華有大有小；但是，蓮華是無窮無盡的，非常之多，都在我們這個佛堂裏現出來了——喔！我們佛堂這種境界，也變成七寶莊嚴的世界，所以說妙蓮華。

朵朵霞光照美加：不但在我們金山寺裏邊有蓮華，就整個美國，*California*（加利福尼亞）這個加州，都被朵朵蓮華的光明照耀著。所以我對你們講：「我們三藩市不會地震的！」就是這樣。因為有聖人在三藩市，有要證果的阿羅漢在三藩市，如果地震，這阿羅漢都不能證果了，這可以？絕對不可以！所以我相信，這絕對不可以地震的！所以說「霞光照美加」，這種霞光不但照耀加州，也照耀美國其他的州。

有人說：「你說不准地震，這簡直是發狂的話！」那你說要地震，那就不是發狂的話嗎？你可以說要地震，要不是發狂，那為甚麼說要地震？你可以說要地震，我就可以說不要地震！所以你不要認為我說不會地震這是發狂。唉！那個發狂的人，不知道自己發狂，他看到旁人都是發狂的，還說自己沒有發狂。

吾輩精誠念聖號：「吾輩」，就是我們大家。現在我們大家都在這兒念「南無阿彌陀佛」這個聖號，我們不是為自己，我們是為整個世界：祈禱整個世界沒有災難，沒有戰爭，得到真正的和平。我們念佛是為整個世界的，不是為個人的，在這兒一方面念佛，一方面又是行菩薩道，所以我們大家要精誠念「南無阿彌陀佛」這個萬德洪名。

佛陀接引菩提薩：「佛陀」，就是阿彌陀佛。阿彌陀佛一定接引我們這這些行菩薩道的人，到極樂世界去——一點疑問都沒有，你放心好了！有一個算一個，只要你能念佛，阿彌陀佛一定是親手來接引你，將來生到極樂世界去。

七日摩頂授別記：我們在這個七天打佛七，阿彌陀佛親自來給你摩頂，授一個記別號，說是：「你好好的發心，將來一定生到我的國土去。*Do not worry*（不要擔心），你不要憂愁，只要你有一片的真心，一定能遂心滿願的。」

百劫業障盡消化：你能念「阿彌陀佛」，就能把一百個大劫以前的業障都消滅了、沒有了，你的業障就會消了。或者有人說：「我念這麼多天阿彌陀佛，我這業障消了，我怎麼還沒有開悟呢？」哦，你怎能知道你有多少業障啊？

你這個業，消是消，但就像冰要化成水似的，要一天一天的化，並不是太陽一照就完全化了——好像在北冰洋那地方的冰（「北冰洋」又稱北極海），就是有太陽照，但永遠都化不了的，為甚麼？就因為你沒有誠心，業就不會化的。

所以說，你能念佛，「百劫業障盡消化」，你這一百個劫的業障消了；但是，你不知道你有幾千萬萬劫的業障。這個業障，幸虧沒有形相，若有形相，一個人的業障就把這個盡虛空徧法界都給裝不下了，虛空都會破了，都爆開了。因為它沒有形相，所以也不用找一個 *storeroom*（儲藏室）把它放下了。

切望諸賢勤努力：我很懇切地希望各位，你們現在都是有善根的賢人了，要勤努力，不要生退轉心！要本著這三不退——打佛七，今天是第三天了，不要退！四天更不要退，五天、六天、七天也不退——啊！就得不退轉了。所以，切望諸賢，大家共同努力來念「南無阿彌陀佛」；令這個佛號在虛空裏頭，充滿三千大千世界，把一切的天魔外道就都給喝住了；喝住，怎麼樣呢？你有魔的，魔一定要退，魔要趕快走；人有病的，阿彌陀佛加被你，令你病一定好！你無論甚麼樣麻煩的，麻煩都沒有了，所以你要精進努力！

西方極樂是君家：西方極樂世界，那是你真正的家鄉，真正固有的家。所以你不要像個遊子似的，在外邊東跑西跑，就把自己的家也都忘了。有人說：「我沒有忘了家，我家在某某地方。」你現在那個家是暫時的，你永遠的家是在西方極樂世界。

・魔擾行者，圈魔入獄

講開示，也不容易的，本來講是想叫人沒有妄想；可是這一講，就把人的妄想給講出來了。現在不止一個人，有幾個人打這樣的妄想：「師父！你說，我有沒有誠心呢？」想要來問，又不敢問，就打這麼個妄想。我不要等著你問，我來答覆你這個問題：你莫如問問自己「我是不是有誠心呢？」你有誠心的話，你不告訴師父，師父也知道。

我以前對你們講，你們每一個人都有個雷達在我這兒，也就好像看這個電視似的——你們誰的誠心大一點，那個蓮華就大一點；誰誠心小一點，蓮華就小一點；再要沒有誠心的話，蓮華根本就沒有了，你就沒有份。所以你不要來問師父，就問問自己好了。有的人說：「哦？我有這個妄想，師父怎麼知道的？」你還問怎麼知道，就有那個雷達嘛！你看這個雷達就在這兒：每一個人的雷達在這兒轉來轉去，就像看電視一樣的，看很清楚。好像果速剛來的時候，就怕我知道他的妄想，我也不理他——你願意有甚麼妄想就有甚麼妄想，你到廚房做飯去；等做出這個菜飯，叫大家吃了就都打多一點妄想——哈哈，如是因，如是果。（眾笑）

有人看過《金剛菩提海》第一期到第四期，在第四期提到：我們這兒有一個「天魔羅網監獄」，把那一些個天魔外道都圈到這監獄裏頭。這個監獄啊，不但圈有美國的天魔外道，而且還圈有中國的天魔外道。我現在告訴你們一個難以相信的消息——你們也不相信的消息；甚麼呢？

我在香港有一個出家的徒弟，他叫恒定；為甚麼給他起名叫「恒定」呢？就因為他恒不定，所以要他把那個「不」字去了，就恒定了。那麼，恒定就常常定，有一點常定的這種修行工夫。最初，他在兩年的時間能把《楞嚴經》完全背得出，又經過兩年的時間也能把《法華經》完全背得出。

以後，他就潛心修行，大約經過有十二年的時間，他知道自己還有一個月時間就會開悟，有點成就；可是就在這一個月之內，他就生病了，著魔了。他知道有三個大魔王來找他麻煩，但他沒有辦法，所以就從香港打長途電話來，又寫封信來告訴我，說他有三個魔障。我們這兒，天龍八部，和出家人、在家人，大家都給他迴向，令他這個病好了。

本來他要求我能回去香港一趟，我想何必用（美元）好幾佰塊錢買飛機票，何必花費這麼大。我在金山寺這個地方，施用一個魔王歡喜吃的東西，就把魔給抓來了；抓來了，就跑不掉了。所以在我們這個魔王的監獄裏頭，就多了三個魔——這三個是在香港的中國的魔，那麼也到美國坐這個魔王的監獄，你說妙不妙！他這個病，現在就好了。你說這個消息，你們相信不相信？沒有關係。你相信，也不要緊；不相信，更沒有關係，是不是啊？我就說一說，你們就聽一聽。

現在把妄想收起來，一心念南無阿彌陀佛，一定要得到這個念佛三昧；或者見到阿彌陀佛，或者見到佛光，或者見到花，都會得到好處。見到甚麼境界，若明白的，你自己知道就行了；若不明白的，可以告訴我一聲，時間由兩點半到五點鐘；其餘時間我不答覆問題，因為我也很忙的。

・受苦了苦，自在悠遊

在這個冰箱裏頭來念佛，已經念了三天了；第一天，有人心裏想：「這真受不了！太難了，又冷又餓。」為甚麼又冷呢？因為在冰箱裏頭，一定是冷的。為甚麼又餓呢？一天只吃一餐飯，這一定也是餓的，還要這麼樣行行坐坐，念「南無阿彌陀佛」——這念阿彌陀佛啊！又念，也覺得還是凍；再念，又覺得還是餓。在第一天就覺得：「真夠我受的！我真受不了了！」但是受不了也受了，受第一天了。

第二天又受不了，總打妄想：「可不可以走呢？」可以的。但是要走了又覺得不好意思，怕人家說：「這個人太沒有出息了，一點苦頭也吃不了！」所以第二天也勉強受下來了。

到第三天，就沒有那麼難受了，餓一點也可以的，凍一點也可以的；凍一點、餓一點都不要緊了，這個佛七我要打下去，看看有甚麼意思。有人就有這麼個妄想。

可是第一天，有一個女眾就受不了了，兩個眼睛含著很多淚水都淚穿了，那麼一推六二五了，就跑了。（編按：「一推六二五」，原是珠算斤兩換算的口訣「一退六二五，1÷16=0.0625」，今比喻推卸乾淨。）這足見女人沒有這麼大的志氣，男人現在還沒人跑的。

這三天要過去了，今天就已經兩天半了，到晚間就三天了。可是你沒有跑，佛號就念得不少了；念了不少，你的善根也扎下很多了，所以這個成績也有多少了。

我知道有人念佛，見到佛了；我也知道有人念佛，見到花了；我也知道有人念佛，見到光了。見到佛，見到十方諸佛都來讚歎你；見到花，見到我們這個大講堂裏邊，佈滿了大蓮華，阿彌陀佛親身來給你們每個人摩頂授記。有人說：「真的嗎？」你問它幹甚麼？你管它是真的假的幹甚麼！說：「我怎麼沒有看見呢？」你想要看見？

那你就多吃點苦頭！又有的人在這個佛七裏邊，見到放大光明，哦！晝也光明，夜也光明，晝夜六時都是光明的。這種不可思議境界，真是妙不可言。這是有人得到這種境界的。

還有人說真苦啊！苦得要命！你苦得要命，你就不要命了嘛！要命幹甚麼！不要命，把命丟了它！這個意思是說，「你捨不了死，就換不了生；捨不了假，就成不了真。」如果你是世間享受充足，出世法你就沒有份了；如果你是想得到出世的妙法，想要返本還原，那麼，你世間法就要看輕一點，不要把它看得太重。

講到這個地方，我想起這個果悟居士所寫的詞：

無語獨自憑樓　白花濤

澎湃波浪驚海鷗

水成波　波復水

染緣休　返本還原任悠遊

她在家裏沒有事情就找事情來說，說甚麼呢？她說，「**無語獨自憑樓，白花濤**」：我無言獨自在那地方像入定似的，憑把著樓屋的欄杆向大海望去，白花波濤，「**澎湃波浪驚海鷗**」：那澎湃的風浪，把海鷗都給驚飛起來了，海鷗都怕浪來拍打。「**水成波**」：比喻這個自性有煩惱了，這時候，水就成波了。「**波復水**」：可是這個波啊，不論波浪怎麼大，將來還是會變成水；也就是這煩惱怎麼大，將來也都會變成菩提自性。

「**染緣休**」：如果能把世間法都放下了，都停止了，到那時候就「**返本還原任悠遊**」：返本，就是見到本來面目；還原，也是見到我本來的樣子；任悠遊，這時候我願意怎麼樣就怎麼樣了，不守規矩也可以了——那麼，你現在還沒有返本還原，你就要守規矩。我們現在念佛也是想要返本還原任悠遊。所以，如果你念到一心不亂，得到念佛三昧了，返本還原就任悠遊了；你如果不得到一心不亂，沒有成就念佛三昧，就不能任悠遊了。

所謂「歲寒然後知松柏之後凋也。」歲寒，就是現在冷的時候。三藩市從來就沒有這樣冷過，今年是第一次冷得要命；這個冷啊，把一般人都凍得不願到外邊去了，待在房裏邊把那個 *central heating*（中央暖氣系統）打開取暖。我們也不到外邊去了，正和一般人相反，我們把冰箱打開，這就叫「歲寒然後知松柏之後凋」；松柏後凋，但是我們不凋。松柏是冬夏長青的，我們也是冬夏長青。

在這個最冷的時候，我們能這麼樣用功，有的人家庭裏邊都很富有的，不去享受，還到這個冰箱裏來跟著大家受苦，這是不可思議的境界，這就「歲寒然後知松柏」了，這就是松柏。我們這個松柏永遠也不凋，永遠是長青的！

在這兒念佛修行，打佛七，一時一刻都不馬虎，這麼來念「南無阿彌陀佛」，把阿彌陀佛感動了；阿彌陀佛說：「哦！你真是我的一個知音，在這麼冷的時候，你都不忘稱我這個名號；我一定幫助你生到我這個國土來，花開見佛，悟無生法忍。」阿彌陀佛對念佛的人，一定親手來接引。

・再話地震，不准地震

有人說：「法師啊，你講錯囉！是有一個女人，她是預言家，她說三藩市今年最冷，明年一月四號和五號就要地震了；因為這個冷，就是地震的一個預兆。」你這麼說，可以的。我的說法又和你不同了，我說就因為愈冷、最冷，比以前冷得厲害，這個地才不會震！為甚麼？這個地都凍到堅固了，它想震也震不動了。如果你不信，等過了四號和五號，你就知道了。

因為現在，阿彌陀佛在三藩市這兒入了金剛定，令三藩市這個地都堅如金剛，震也震不動了。所以你們各位就不要擔心這個地震。等一等我們也學著要入這個金剛三昧、入金剛定，幫著阿彌陀佛把這個地變得更堅固，使三藩市成金剛地，所以更不會地震！

昨天晚間我沒說嗎？不是不地震，就是「不准地震！」誰不准地震呢？阿彌陀佛不准地震。阿彌陀佛的世界是極樂的，所以他的佛號到甚麼地方，甚麼地方都成極樂的一部份。我們現在打七，就是為了叫三藩市這兒不要地震。

在五、六年以前，我對你們說三藩市不會地震，他們就說會地震。不過我們也沒有簽一個合同，如果簽個合同來賭一個輸贏：如果地震，你要輸多少錢；地不震，我要贏多少錢。如果這樣，那我這幾年就發了大財了。你們誰若要向我來買這個 *insurance*（保險），我就有一筆特別的收入了，可惜我們這個燕梳（粵語，保險）公司沒有開辦，所以沒有人買，等將來或許有人買也不一定的。所以你們各位，怕地震的，不要等著就跑；不怕地震的，就不要到旁的地方去。

你們現在靜坐五分鐘，來用這個金剛三昧的力量，把三藩市這個地都變成金剛。

（靜坐五分鐘，上人繼續開示）

以後打七，每逢靜坐的時候，你們都用你們這金剛三昧的力量，來令三藩市這個土地堅牢，並且也叫堅牢地神把這個地做得堅固一點——它就地震也不要緊，也不會壞的；這樣子，三藩市這個劫難就會沒有了。

也有人說：「眾生的業力，不可轉；眾生的業障，有定數的。」這不是的！眾生的業力，也就是眾生的債力。好像借錢似的，這個債力就是借錢。借錢到期限了，雖然說是欠錢必要還錢，但如果你硬是沒有錢，是可以延長一個時期再來還這個錢。那麼眾生的業力，說到時候應該遭這個劫難，但是，如果有人給從中調和一下，也會延期的。所以這都是沒有一定的。雖然定業不可轉，可是「三昧加持力，火湯變成池」，用這個三昧的力量，就是用定力來加持，火湯也會變成清涼的水池。

人啊，應該要明白世界無論甚麼事情都不是一定的，如果是有一定的，那是已經做成的；沒有成事實的，就不會有一定，就可以有轉變的。好像我們每一個人，本來都沒有生西方極樂世界的資格；但是你一念南無阿彌陀佛，也都有生西方極樂世界的資格了。就看你念不念佛！你能念佛，做不到的也能做到了——生西方極樂世界，本來很困難的，但是也能做到。你不念佛呢，做到的也做不到了——本來可以生極樂世界的，你一念佛，就生淨土了；但是你不念佛，就不能生到淨土，就做不到了。

所以這世間的事情啊，是無有定法的。《金剛經》上說的「無有定法，名阿耨多羅三藐三菩提。」這就是無上正等正覺的一個方法。

現在，我們苦三天了——這兩天半就快到三天了，啊！我們應發大勇猛心，不怕苦、不怕難、不怕凍、不怕餓，勇猛向前，走到極樂世界為止。

我再向你們各位說一個消息，就是今天新來的這位，他叫甚麼名字，我不知道。在沒吃午飯前，我問他：「到這裏有甚麼感想？」他說：「我已經停止了思想。」真要停止了，那真是妙不可言了。在這一個佛七裏邊，一定會得到相當的好處，得到相當的利益。這位新來的人尚且能把思想停止了，甚麼都不想了，那麼，你們這些個老居士、老比丘、老比丘尼，更應該把其他的妄想停止了。能把妄想停止了，把染污心放下了，這就是清淨心，就是佛緣，就有佛緣了，你們各位要記得這一句：「**放下染緣即佛緣**」。

第一個七

佛七，第四天

【十二月十一日・星期一】

・寒岩飛雪，紅蓮徧地

在這麼冷的天氣，我們這樣來用功念佛，這就有多少的真心了；若沒有真心，是做不到的。所以今天這個偈頌是：

寒岩飛雪滿天白，紅蓮徧地此時開；
重重無盡佛光照，念念有聲法性裁。
彈指功成遂我願，剎那消融宿世災；
寂光清淨常快樂，丈夫事畢暢所懷。

寒岩飛雪滿天白：我們這兒，現在就是寒岩，好像飛雪滿天白的樣子；雖然滿天白，但是還有紅蓮華，在這兒也現出來，也開了，所以說——

紅蓮徧地此時開：在這時候，你看這紅蓮華有多少？這是我們念佛念得誠心了，紅蓮華都要開了，這個蓮華不是像我們世間所看見的蓮華那麼小，而是大如車輪。每一個人念佛，每一個人就有一朵紅蓮華，將來就生到這朵紅蓮華裏邊去，花開見佛了，悟無生法忍。所以「紅蓮徧地此時開」，在這個時候，都要開了——冷可是冷，但是蓮華一樣開的；就因為冷，所以蓮華開，這才是妙呢！

重重無盡佛光照：我們念佛，十方諸佛都放光來照我們，好像來給我們檢查身體一樣，看看有沒有甚麼毛病，好到極樂世界。我們這兒是辦移民手續，是把我們娑婆世界這些萬苦交煎的老百姓，都移到極樂世界去。所以佛光都要照我們。

念念有聲法性栽：我們念佛，每多念一聲佛，在虛空裏頭就多了一個佛的聲音，這個聲音是永遠存在的，到幾千萬年以後都存在這個聲音——我們念佛這個聲音都不會沒有的，所以說「念念有聲」。「法性栽」，栽是栽培，就是栽培我們的法性田，要栽培灌溉。怎麼樣栽培法呢？我們在這七天之中，不間斷地來念佛，就是把我們的法性田給開墾起來，來種上這個法田。

彈指功成遂我願：「彈指功成」，那要多久的時間才能成就呢？就這麼一彈指間，你的工夫就成了。可是這彈指功成，是因為你以前用功用得成熟了，所以一彈指間就成就了。「遂我願」，遂滿我們想要生極樂世界的心願。

剎那消融宿世災：所以，在一剎那間，你就能把往昔所造的罪業，應該受的罪業都消除了。

寂光清淨常快樂：到常寂光淨土去，那是最快樂的地方，不間斷的快樂。

丈夫事畢暢所懷：到這個時候，我們這個大丈夫所應該辦的事，已經做完了；我們心裏所懷抱的志願，已經達到了，已經能滿足這種的願力了。

打佛七最要緊的，就是要念到雜念都沒有了。怎麼叫「**寒岩飛雪滿天白**」呢？我們人就譬喻是一個寒岩，我們來這兒念佛，念一天，念兩天，念得這個念都清淨了，就好像飛雪似的滿天都白了。這「白」了，就是一種清淨的表現，就是你雜念都沒有了；因為雜念沒有了，你念清淨了，所以你就有紅蓮華。

這紅蓮華是給誰預備的？就是給你這樣清淨無染污的人來預備的。你念佛念得愈多，這個蓮華就長得愈大；你愈是虔誠，蓮華的顏色就愈美麗。你專誠到極點了，將來等到臨命終的時候，你就無災無病，所謂身無病苦，心不貪戀，如入禪定似的，就生到自己栽培的這朵蓮華中，那麼華開就見佛。

你念佛，如果念念又不念了呢？你這個蓮華就會乾了，就會枯槁了，就會沒有了；因為你不念佛了，這就像你耕種的田沒有水了，也沒有肥料，它一定乾枯的；你念佛，就是給你這個蓮華澆水上肥料呢！所以你念佛愈多，蓮華就長得愈大，這叫「**紅蓮徧地此時開**」，從此時你這個蓮華就預備開了，就等著你捨報安詳；把這個報身捨了，安詳生到極樂世界去。

你能念佛念到專誠了，就會「**重重無盡佛光照**」，十方諸佛都放光明來照耀你，佛光是沒有盡的時候，令你一切的業障都消除去，善根就增長了。所以念佛法門，是「橫超三界，帶業往生」的法門。

怎麼謂之「橫超」呢？這有一個比喻，雖然不太好，不過也可以拿來做比喻。

譬如一隻蟲子，這隻蟲子不是懶蟲，牠是很願意做工的蟲子。不是一隻蟲子，是有兩隻蟲子。有一隻蟲子，被困在竹子裏邊，牠一節一節地咬，想出去這個竹子──想要超出三界去。但這竹子的節，是重重無盡，牠咬了一節就又有一節，咬一節又有一節──啊！咬一節，就累得很辛苦的。這就譬如修其他的法門，或者修禪宗，或者修教宗，或者修律宗，或者修密宗，這都要經過很多的階段、很多的步驟，就猶如上面的困難。

好像修禪，你就要從初禪、二禪、三禪、四禪，一步一步地修，才能得到這個三昧。

修習教宗，你就要學講經說法，這一部經典學完了又要學那一部經典，那一部經典學完了又要學另一部經典，也是很多的麻煩；好像分門別類，分科判教，這個名相很多，所謂「分別名相不知休，入海算沙徒自困。」（出自《永嘉大師證道歌》）你說麻煩不麻煩。分別這個名相，又是「我執」、「法執」、「俱生我執」、「俱生法執」的分別；又有「人相」、「我相」、「眾生相」、「壽者相」的分別。這麼多的名相分別，是沒有止境、沒有停止的時候，不可以休息的；你休息，就學不會。所以分別名相是不知休的，就好像到大海裏去數有多少粒沙似的——你說，海裏的沙那樣多，怎麼能數得過來？你一粒一粒去數沙，這是自己困自己，把自己給困到這個陣裏了。

那麼，另外一隻蟲子，看工作那麼辛苦，牠就很聰明，從竹子旁邊咬一個窟窿就鑽出去了，鑽到竹子外面去。竹子就譬如三界，所謂「三界無安，猶如火宅」，你想要出這個火宅，就要一步一步地出去；

可是，如果你是聰明的蟲子，你可以從這個竹子旁邊咬一個窟窿就出去了，這就是「橫超三界」。

「帶業往生」，帶著你所造的罪業往生極樂世界，可是，這所帶的業，是帶宿業，不帶現業；是帶舊業，不帶新業。你不要聽到，就說：「喔！念『南無阿彌陀佛』可以帶業往生，那我就盡量殺人去、放火去，甚麼壞事都去做，反正我可以把業帶到極樂世界去，到那時候，誰也沒有辦法我。」你這簡直是一個不講道理的人！你要是有這種心，那也是不行的，你這業也就帶不去了。

所以「**重重無盡佛光照**」，十方諸佛都放光，一照，把你這個業就給照化了。「**念念有聲法性栽**」，我們念「南無阿彌陀佛、南無阿彌陀佛……」，每一念都有佛的聲音，這就是栽培我們的法性田，灌溉我們的法性田。「**彈指功成遂我願**」，如果你用功用得成熟了，就能彈指圓成八萬門，彈指間就把一切的法門都圓成了，同時還能「**刹那消融宿世災**」，把宿世的罪業都消融了；你能以這樣子，就能生到常寂光淨土去，「**寂光清淨常快樂**」，得到清淨，真正的快樂。到這個時候，大丈夫所作已辦，應該做的事情已經做完了，再沒有甚麼事情可做了，所以叫「**丈夫事畢暢所懷**」。

・又話地震，不准地震

昨天晚間講地震，今天晚間還是講「地震」。很奇怪的，昨天晚間在定中，就有個女人來和我辯論：這個女人說「一定會地震」，我說「一定不會地震」，她就反對我這個說法，反對反對的，講來講去她講輸了，她就哭起來；那麼我就告訴她，我說：「可以地震的！

（眾笑）但是除非有三個太陽從西邊出來而落到東邊去，那時候，我就不管妳了。」她想一想，很憂愁的就跑了。

這個女人是誰呢？我也不認識她。有這麼一個情形，這是很奇怪的。她的神通果然不小，居然弄出三個太陽，她說：「你看，現在這是太陽從西邊出來，落到東邊去了。現在就要開始地震了。」啊！果然這個地就要震了。我說：「這個妳是作假的，這不是真的！」我這麼一講，把她這種幻化的境界也沒有了。

你們說，這是真的？假的？我告訴你們，都是假的！我們念「南無阿彌陀佛」才是真的。

我們念「南無阿彌陀佛」，了生死是最要緊的。無論是地震，是天震，是人震，天地人都震，也沒有用的！我們這兒就是念佛，以念佛來戰勝一切的災難，戰勝一切不吉祥的事情。

第一個七

佛七，第五天

【十二月十二日・星期二】

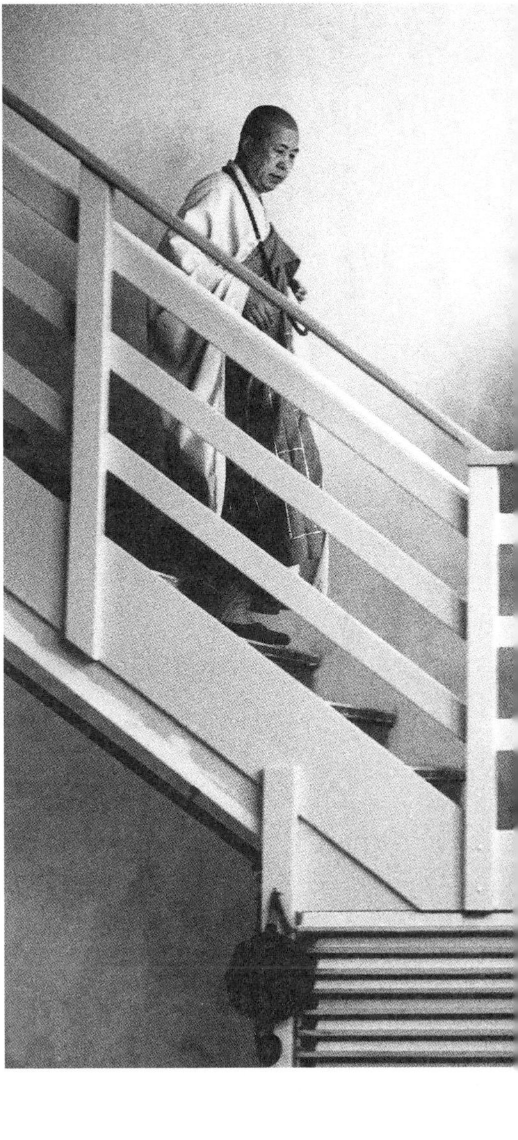

・若有恐懼，不得其正

我們這個佛七，五天已經過去了，在這個七已經走了一半的路程了，可是各人念佛念得怎麼樣，你們自己知道。今天有兩個人想要請問，你們知道要問甚麼問題？他們是不是得到念佛三昧了？這個念佛的法門是公開的，誰有甚麼境界都可以提出來講一講，可以提出來大家研究。

佛教的規矩，出家人請開示時，必須要穿上袍、搭上衣、持著具，到那兒要大展具，頂禮或者三叩首或者九叩首，然後長跪合掌，把眼睛閉上，有甚麼問題提出來，請住持和尚來答覆這個問題。那麼在家人有受過戒的，也要穿袍、搭衣、持具，和出家人請開示差不多的；

若沒有受戒的，願意穿袍也可以，不穿袍也可以，來請問這個問題。這一般是這樣的規矩。

在我行這個法，對於這些規矩也不太注意，所以馬虎一點也可以。但是今天下午為甚麼不答覆這個問題，因為我有事情，沒有時間。你們有想問問題的，現在願意對著大家講出來也可以，如果不願意對大家講，單有個人的問題，可以在明天兩點半的時候再來。哪一個有甚麼特別問題都可以來研究，不過要有一個人給我翻譯；不翻譯呢，我不懂英文，這是很麻煩的一個事情。所以你們各位要明白這一點。

在念佛七的期間，很多人有特別的境界，有的好境界，有的壞境界；有的念佛就見到鬼了，有的念佛又見到羅剎了，有的念佛就見到地獄了。人家是見光、見花、見佛，那麼說這見鬼的是業障重嗎？

也不是。無論見甚麼，你都念佛，見甚麼也沒有事的。可是你們每一個人境界，可以說出來告訴大家一聲，令大家知道念佛也是不可思議的法門，有這麼多奇怪的事情發生。

果護，你有甚麼問題，說出來。（果護：沒有。）你會不會下地獄？（果護：不會。）你會不會去上天堂啊？（果護：會。）那你做天主去了，哈哈。（果護：*Yeah*，我打妄想到極樂世界。）妄想到極樂世界？極樂世界是不錯，極樂世界是沒有女人的世界。（果護：是。）

誰有甚麼境界，可以提出來研究。若有境界，你說沒有，這是打妄語；沒有境界，你說有，也是打妄語。你看怎麼辦？在我的面前打妄語，那我就給你授記「墮地獄」。有沒有境界，你自己知道！到時候你後悔也來不及，你就知道在師父面前打妄語是不得了的！

（上人對方果悟説）妳家裏環境那麼好，房子那麼漂亮，甚麼都有，還能到這兒來用功，這是很不容易的。在《四十二章經》有二十難，「貧窮布施難，富貴學道難」這是二十難裏頭的兩個。貧窮的人要布施，是很不容易的；富貴的人，學道是難的。妳能這樣修行，這一定會有大感應的。

昨天晚間，我講了那個女人，不知道她是一個甚麼的，她說要地震這個，以後她又耍了一點魔術，魔術也沒有用。方居士就說：「我不相信！」這應該不相信的，相信這個有甚麼用？這根本就是一個虛幻的。（方居士：師父不應該講這個話。）我講，那是我的權利（眾笑）；妳信不信，那是妳的權利（眾笑）。哈哈！

我講出來，是給大家知道「這是虛妄的」，昨天晚間我就說了：「這都是假的，念佛才是真的！」這麼比較一下，你不要信那個虛妄的，你應該信這個真實的。你若單說真實的，而沒有虛妄的來比較一下，人也不認識這個真實的。如果說太陽從西邊出來而落到東邊去，根本就沒有這種道理，也就和這個地震是一樣的：地震，等要震了，才算真的；沒有震的時候，都是假的。所以不需要信那些虛妄的境界。

在這個境界來的時候，喔！真的就像地震那個樣子，我都害怕了，老實告訴你們；然後我知道它是假的了，就不害怕了。這個境界，你若認識了，就沒有事了；你若不認識，它就有了問題了。好像看見這魔來了，你一生恐懼心，這就著魔了；你不生恐懼心，你如如不動，就不會著魔了。有的人說，修行會走火入魔、魔王入竅，為甚麼這樣呢？就因為有所恐懼了，所謂「有所恐懼，則不得其正。」

（出自《大學・傳》第七章）

你看這個做法師的不容易，昨天講那一個虛妄的話，今天這個徒弟就批評說不應該講，你說這怎麼辦呢？（眾笑）這師父也不容易做。我已經說是假的了，為甚麼妳還要相信不相信？這是個虛妄的境界，在有這個境界的時候，我也不知道這是假的；等這個境界過去了，才知道這是假的了。在當時啊，哦！地就震了，我真有少少的怕。我剛來三藩市的前幾年，也經過一次地震，不過很小的，這個燈都響起來了，當時我：「喔，這地震了！觀世音菩薩，你為甚麼不管這個地震？」（眾笑）它又不震了。所以境界，你認識了，就不會被這個境界轉；你不認識，就會被這個境界轉。好像果逸這個境界，說這個魚要吃妳；妳當時覺得怎麼樣，怕不怕？（果逸：沒有怕。）沒有怕啊？那妳想：吃了就吃了，沒有問題。那妳這個身體已經布施給牠了。

我們現在念佛念到五天上了，念出少少的感應來，（眾笑）今天有一個人供養二十塊錢（美元，後同此），說要給打七的人喝一點牛奶，這是一個小感應。還有一個人給了五塊錢，說禮拜五要來作湯，要買芹菜、白菜、紅蘿蔔。本來他拿六塊錢給我，他以為是五塊錢。我這麼一數，數出六塊錢。他說五塊；我說你數一數，一數也是六塊錢，他又拿回去一塊錢。

我講魔王入竅那一段，你沒有翻譯。好像看見這魔來了，如果一生恐懼心，這就著魔了；著魔了，就貢高我慢，覺得自己比誰都大，比佛都大。他說：「我是佛的爸爸，我是佛的媽媽，我是佛父佛母。」他說自己比菩薩都大，比阿羅漢都大。你提起天主，他比天主都大。你提起甚麼，他就說自己比誰都大。好像巫醫（編按：中國東北叫「跳大神」，臺灣叫「乩童」），就是他有少少的神通，也知道一點過去的事情、未來的事情；甚麼小小的問題，他都會知道的，然後他講出來就很靈的很應驗，一般人就相信他。

這都是魔鬼的境界，但不明白佛法的人，就認為他這是不得了了。他那個鬼一上身，魔鬼一來，喔！那個本領就大了，又可以吞火，也燒不壞舌頭；又可以用把刀扎到頭上，扎進這麼深去，他也沒有事。那個魔的力量很大很大的。又可以把這條胳臂甚至砍斷了，他隨即唸個咒語就把斷臂接上了，沒事了，就有這麼大的本事。你這無知的人，一看：「哦，這是有神通了！」這是魔鬼的神通，這沒有用的！現在美國也有人傳授這種，有印第安人也有墨西哥人，寫很多這類的書在教人，他們都是這一類的。

第一個七

佛七，第六天

【十二月十三日・星期三】

・行住坐臥，念念彌陀

這個念佛七，今天是第六天；這六天，我們念佛念得怎麼樣了？是不是念得一心不亂了？是不是還會打妄想？

如果你念到一心不亂，行也彌陀，坐也彌陀，住也彌陀，站也彌陀，所謂行住坐臥都是阿彌陀佛。念得你就想不念也不可能了，想不念「南無阿彌陀佛」也沒有法子停止——這時候，颳風也不知道是颳風，下雨也不知道是下雨，所謂風也吹不透，雨也打不漏，那麼這叫打成一片，這就是念佛三昧的一個境界。

你能得到念佛三昧，這時候身心放下，根塵脫落，內無身心，外無世界；不要說我一個人，就連「我」也沒有了，這叫身心放下。

甚麼是「根塵脫落」？根，就是六根——眼根、耳根、鼻根、舌根、身根、意根；塵，就是六塵——色塵、聲塵、香塵、味塵、觸塵、法塵。單單的六根六塵，這叫十二處；再加上六識——就是眼識、耳識、鼻識、舌識、身識、意識，這叫十八界。

你能以「眼觀形色內無有，耳聽塵事心不知」，這就是六根清淨了；六根清淨，內六根清淨了，外六塵也不起了。因為你有六根才有六塵，如果你六根都清淨了，那麼六塵自然就沒有了；你六根不清淨，所以六塵也就生出來了。根塵脫落，根也沒有，塵也沒有了，這叫「根塵脫落」。這時候，身心自在，身也自在了，心也自在了。

身自在，就是冷也不怕了，熱也不怕了，渴也不怕了，餓也不怕了；不被這種飲食的境界、冷熱的境界所轉動，這就是身自在。心自在，不單身自在，心裏邊也一念不生了，所謂「一念不生全體現」；

你能一念不生，那全體大用就現前了。「六根忽動被雲遮」，你六根這眼耳鼻舌身意稍微一動，這就被雲遮了，好像太陽被虛空裏頭生出的雲給遮住了。太陽就是你自己本有的智慧，一被遮住了，智慧就不現前，就變成愚癡了；你一愚癡，喝！就認不清楚了。認不清甚麼呢？認不清楚是法、非法、正法、邪法，你認不清楚了。因為你沒有真正智慧，沒有擇法眼了——擇法眼，選擇這個法的眼。

你因為沒有擇法眼，所以你就東闖一頭，西闖一頭，南闖一頭，北闖一頭，啊！四面八方各處去碰壁，你這個頭撞到牆上了。沒撞上的時候，你往前猛跑猛跑，砰！把頭撞得：哎呀，好痛！哦，這又往回跑，往回跑又撞上了。撞來撞去也出不去這個籠子。就好像小鳥在那個籠子裏似的，噢！往上飛也出不去，往下飛也出不去，左右前後都沒有法子出得去這個籠子。我們人沒有擇法眼，不知道哪個是對，不知道哪個不對，也就和那個鳥在籠子裏一樣的，在籠子裏飛來飛去，也飛不出去那個籠子。

酒、色、財、氣，這四垛牆，好像四個籠子似的；這一個籠子有四面牆，都遮障著你！

（一）酒。好喝酒的人，這包括好吃毒藥的、成癮的；酒能迷人、能醉人，所以吃迷幻藥也在內，吸菸也在內，都在這個「酒」包括著。

（二）色。就是一切美麗的顏色；物質的引誘，美色的引誘，一切一切都引誘你，令你在這個籠子裏頭出不去。

（三）財。啊！人人都歡喜這個錢；世界上各國的人都為著賺錢、找飯吃，所以就忙忙碌碌在這個世界上。「財」這個牆，總也跑不出去。

講起這個「財」，在中國叫「錢」。「錢」字就是：

二戈爭金殺氣高，人人因它犯嘮叨；
能善用者超三界，不會用者孽難逃。

「二戈爭金殺氣高」：兩個「戈」字來爭這一個「金」字。「戈」就是個兵器，你也拿著兵器，我也拿著兵器，就搶錢，搶金子，這叫「二戈爭金」；「殺氣高」，啊！你殺我，我殺你，這殺氣很高的。「人人因它犯嘮叨」：人人就因為這個錢，就有了很多麻煩；犯嘮叨，就很多麻煩了。「能會用者超三界」：如果你是會用這個錢的人，用錢來做功德，好比修塔造廟，做種種的佛事，你這就能超出三界去。「不會用者孽難逃」：不會用錢的人，有錢就去造孽，就造了很多孽事，造了很多罪業。

又有這麼幾句話也很好的，說甚麼呢？

勸君爲善曰無錢，有也無；
禍到臨頭用萬千，無也有。
若要與君談善事，去也忙；
一朝命盡喪黃泉，忙也去。

「勸君爲善曰無錢，有也無。」勸你要做點好事的時候，你就說了：「哎，我沒有錢呢。錢現在不夠用，等我攢夠再做好事囉。我願意做，好事人人都想做，不是不想做，但是我沒有錢，錢不夠用，而且我爸爸的錢也不給我。」他就想跟他爸爸要錢來做好事。他有錢的時候，本來有，他也說沒有。

好像以前我那個願意學武術的皈依弟子果沛，他銀行裏存有很多錢。有人叫他做點好事，他就說：「我沒錢啊！我有一輛汽車，這用好多錢啦，就好像養活一個老婆那樣用錢；我連養老婆都沒有錢養，我也不結婚。」那時候李錦山（Kim Lee）、黃文慈（Doc-Fai Wong，黃德輝）叫他做好事，他就不做，還說：「好了，我做了做了，我一個月給三塊錢。」他有七萬多塊錢（美元，以下同），一個月給三塊錢，說沒有錢。他也沒有結婚，就有媽媽，但是他媽媽也不用他賺錢養她。前三個月他死了，啊！這個錢無條件的都送給他哥哥了。他一點好事也沒有做，這回死了，他就是「有也無」。這是很可惜的一件事。「禍到臨頭用萬千，無也有。」好像人有甚麼飛災橫禍了，或者有了意外就禍到臨頭了，這時候，沒有錢也有錢了。譬如有人很多錢，一日被土匪給綁去了，要他給出兩百萬來；本來他這錢捨不得，但是不給不行，就給了兩百萬。你說，是不是「無也有」呢？

「若要與君談善事，去也忙。」有人跟他說：「金山寺那兒有講經，你去聽一聽經啊！」他就說：「我太忙了！我讀書功課也忙，家裏的工作也多，做不完。我本來歡喜聽師父講經，但我就是沒有時間。」甚麼也都忙，就「去也忙」——我太忙了！好像方才說的這果沛，他才三十多歲，就生了那麼一個怪病，甚麼怪病呢？就是盲腸炎；生了盲腸炎，一去開刀，就開死了。這叫「一朝命盡喪黃泉，忙也去」，怎麼樣忙也要去了。

你看這個，這是「錢」。

（四）氣。「氣」這垛牆最打不破，哦！*Too much anger*（太多的憤怒）：「啊，你怎麼可以管我！」發起脾氣來了。這個氣，很厲害的，有的時候會把人氣死。

某某法師前天來，他的護法開了一張支票。你們要記得把這個法師那張二十塊錢的支票，也寫一張條子給貼上；還有今天我給你二十五塊錢，有二十塊錢是叫葉某，要寫張條子給掛上，等禮拜五那個葉某來，她要看的。明天就要貼上，不然她以為這二十塊錢我帶到荷包裏了，沒有拿出來。

你看，那個「氣」，是很厲害的。跟那個法師來的居士要供養我，我說：「不要了，不要了。」這法師說：「你不要我的；那她的，你要啊。」我說：「她，我也不要。你，你甚麼時候給了我？」這法師說：「你把我的支票給撕爛了，幾幾乎把我氣死！」這個「氣」啊，出家人都一樣會氣死。

因為這某某法師前一次給我們開兩張支票，一張是一百塊錢，兩張兩百塊錢；我拿著給撕成三截，寄給他一份，給某某寺一份，我們這兒留一份。他說幾幾乎把他給氣死。實際上怎麼樣呢？幾幾乎把他樂死，他心裏想：「這位真是笨啊！錢都不認識了。」

所以，這個「氣」是也要不得！你能有擇法眼，這酒色財氣就都迷不住你了；你知道這個東西，你會用的就能利人，不會用的就害人。我常常這麼說：

魚在水裏躍，人在世上鬧；
不知為善德，虧心把孽造。
金銀堆成山，閉眼全都撂；
空手見閻君，悔心把淚掉。

我們現在念佛，就是要明白這個擇法眼，不要走錯路！不要把那個錯的路，認為是對的；那個對的路，又認為是錯的。啊！任自己的意去做事，這是很危險的。

第一個七
佛七，第七天

【十二月十四日・星期四】

・三根普被，利鈍兼收

在《大集經》上說：「末法億億人修行，罕一得道；唯依念佛，得度生死。」說是在這個末法的時候，有一億那麼多人修行，也不容易有一個得道的，很稀罕的；唯有念佛，才能了生死。

所以處在末法修行，只有念佛法門最應機、最普徧，所謂是「三根普被，利鈍兼收」。三根，就是上根、中根、下根。上根，是利根有智慧的人；中根，是不利不鈍的普通人；下根，是根器鈍根的愚癡人。

這個念佛的法門，你有智慧的人也可以念佛，你沒有甚麼智慧的普通人也可以念佛，你是最愚癡的人也可以念佛。可是念又要離念，說這個離念是不是就不念佛了呢？不是的。離念是遠離你的妄念，保存你的真念。你妄念是甚麼？就是一邊念佛，一邊打妄想，這叫散心念佛。你能離念了，這叫定心念佛，就是離開妄念而得正念念佛。你能這樣念佛，一定會生到極樂世界去。這就是「三根普被，利鈍兼收」，無論你是利根或鈍根都得到好處。所以說：

若人年老，來日無多，正好念佛；
若人年少，來日方長，正好念佛；
若人有病，知病是苦，正好念佛；
若人無病，平安是樂，正好念佛。

所以這個念佛的法門，是最圓融無礙的，無論你做甚麼，都可以念佛的；無論你哪一個人，都可以念佛的。

因為這個，所以釋迦牟尼佛才金口自說《阿彌陀經》，勸人來念佛；《華嚴經》最後這一品〈普賢行願品〉，也勸人念佛，以念佛為歸宿。所以這念佛法門，你不要把它看得說是：「哦，這個念佛，就是念『南無阿彌陀佛』，這又有甚麼意思？」為甚麼你要有意思？你想有個甚麼意思？說說看。

這個念佛法門是最好的。在末法，法滅時期，法都滅了，所有一切經典都沒有了，《楞嚴經》最先滅，《阿彌陀經》最後滅。《楞嚴經》怎麼會先滅呢？因為它是破天魔外道的法；如果《楞嚴經》住世，天魔外道就不敢隨便了。所以法末時，這《楞嚴經》自自然然就沒有了，或者被火燒了，或者失落了，或者有這個經典但沒有字了，就這麼奇怪的。或者經上的字，連那個紙都被蟲子給吃了，也沒有了；

沒有了，就末法了。

我們現在有這麼多經典，看經書就覺得不困難。一九四九年，我最初到香港的時候，想找一部經典也沒有，那個佛法是不容易遇的；以後一些年，就有了佛經流通處，大家都印很多經典來弘揚佛法，這經典也多起來了。

到了末法，一切經典都沒有了，就剩《阿彌陀經》還留到世界上一百年。一百年之後，《阿彌陀經》也沒有了，就剩「南無阿彌陀佛」這六字洪名，在世間又多住世一百年；這時候，「南無阿彌陀佛」這六字洪名，所度的眾生是無量無邊了，度的眾生很多。又過了一百年，「南無阿彌陀佛」的「南無」二字也沒有了，就剩「阿彌陀佛、阿彌陀佛、阿彌陀佛、阿彌陀佛」這四個字了，在世間上又多住世一百年，又度無量無邊的眾生，然後這「阿彌陀佛」四字也沒有了，佛法都斷滅了。所謂佛法斷滅，就是這世界沒有了，人類都同歸於盡了；人類沒有了，這是一個成住壞空，到這「空」的時期了。

可是到「空」的時期之後，又到「成」的時期，世界就是這樣迴轉不已。這世界，一增一減這是一個小劫。一增，每一百年，人的壽命增加一歲，人的身量高度增加一寸；人的壽命從十歲增到八萬四千歲，這增到極點了；又開始向下減，也是每一百年，人的身量高度減去一寸，壽命又減去一歲。

現在我們這個世界，這是個減劫的時代。釋迦牟尼佛住世的時候，人的壽命平均七十歲；現在人的壽命平均就五十歲，雖然有活七、八十歲的，但是也有人活十歲二十歲的都有，這平均起來，現在人的壽命普徧是五十幾歲。（編按：雖然世界衛生組織有所謂的全球人口平均壽命統計報告，但在此保留上人所說的數據。）那麼，減到人的壽命到十歲上，身量高度就像現在的狗這樣高；那時候的人，就像現在這個畜生一樣，一生出來就有淫欲心。因為是末法了，愈是末法，這淫欲心愈重；等到正法時代，人人都清淨，思想清淨，沒有這種染污的念頭。

那麼這一增一減，增到八萬四千歲。由十歲增到八萬四千歲，再由八萬四千歲減到十歲，這一增一減，這是一個小劫。二十個小劫是一個中劫，四個中劫叫一個大劫。這個成住壞空，「成」二十個小劫，「住」二十個小劫，「壞」二十個小劫，「空」又二十個小劫。所以這個世界就是成住壞空，成住壞空……這麼輪著。世界的秘密不能完全地都發揮出來，等你發明到極點了，這個地球就毀滅了，這個世界就沒有了；另外一個世界又成就了。

人也是一樣有成、住、壞、空：在這個世界上，這個人死了，那個人又生了。人，「成」二十年，「住」二十年，「壞」二十年，「空」二十年，這八十年，一年就代表一個劫。你看，二十歲以前，人只是讀書，學習本領；等二十歲以後就做事情，做到四十歲，以後就有點要壞了。啊！甚麼壞了呢？「而視茫茫」，看甚麼東西看不清楚了；「而髮蒼蒼」，這頭髮都花白了；「而齒牙動搖」，這個牙齒也都搖動了，又 *wisdom teeth*（智齒）又甚麼亂七八糟的這個牙，都要掉了。為甚麼掉牙？因為牙太硬了。所以我常常講，你看人都是掉牙，沒有人掉舌頭；為甚麼不掉舌頭呢？舌頭因為它軟；你一硬了，它就軟了，所以它不掉。牙為甚麼掉？因為它太硬了，一有甚麼硬的東西，它要嚼要咬，咬來咬去的，把自己也咬掉了。

人也是成住壞空，成住壞空這麼轉。這個房子壞了，又搬另外一個房子；那個房子壞了，又搬另外一個房子，因為這樣，所以才說：

人身好比一間房，口爲門戶眼爲窗；
四肢好像房四柱，頭髮好比苫房草。

「人身好比一間房」：人這個身體，就好比一間房子似的。「口爲門戶眼爲窗」：口就好像門戶似的，這口氣出去，出去一個人；這口氣吸回來，吸回來一個人。你人在這兒，這個呼吸氣在這門口出入，就好像一個人來回走似的；你這個氣斷了，你這個人就死了。所以你這個房子裏邊要是沒有人住了，這房子也空了，空了就會壞了；有人住，它沒有那麼快壞；沒有人住，它就會很快壞了。「四肢好比房四柱」：你這個手腳，好像房子那四個柱子似的。「頭髮好比苫房草」：頭髮就好像苫房草似的。

你趁著這個房子好的時候，你若不把它保護著，等到房子壞了，你才著忙，那就晚了。我們身體這個房子，你不要認為它就是你了——這個身體不是你，只可以說這個身體是「我的」，不是「我」。有人說：「那我在甚麼地方呢？」誰知道呢！

你找不著自己，還盡幫助人家去做工；把自己的地都荒廢了，去幫其他人耕地，這是很可笑的。我們現在念佛，就是幫自己來耕自己的地；耕自己的地，你就要出一點力，又要下種，然後就發芽。下菩提種，就是念「南無阿彌陀佛」。發菩提芽，就是西方極樂世界那七寶池、八功德水裏邊的大蓮華就將要開了。等一開菩提芽，開了菩提花，然後就結菩提果。甚麼是菩提果呢？就是花開見佛，悟無生法忍了，這叫菩提果。

我們這第一個七，今天已經圓滿了，明天第二個七又開始了。在第一個七的時候，有一些人已經得到很多好處，喝了很多甘露水（梵語*Amṛta*），吃了很多波羅蜜（梵語*Pāramī*）。有的人把這個脈停止了；坐那地方，呼吸氣也沒有了，這個血脈也都停了，這是初禪的境界。有的人把這個氣也停止了，呼吸氣不知道到甚麼地方去了；外邊的呼吸氣斷了，內裏邊的呼吸氣生出來了，有的人得到這個境界。也有的人，坐那個地方不是睡覺，但是把一切的念都斷了，念都停止了。這種的境界，就是你用功誠心、專一，得到少分的相應，也就是得到一點點的輕安。

現在第二個七，我希望你每一個人，把打七的時間都看得特別重要！不要沒有話就想找一句話來說一說，沒有小便就想到廁所去走一走，大便更不要說了。或者有的時候又覺得念佛念得不自在，到一邊去飲一杯茶、喝碗水，把這光陰就都空過去了。所以沒有得到甚麼好處，也不覺得怎麼樣。

這第一個七，已經跑了！這個時間空過去了、跑了，可是還有第二個七，你要認真來用工夫，認真發菩提心，一秒鐘也不要把它隨隨便便空過去。

所謂「若要人不死，須裝活死人」，像一個活死人似的。啊！不要管閒事，要「迴光返照，反求諸己」；要「返聞聞自性」，聽聽我念佛念得是不是清楚？我念佛這個聲音是不是發狂了？我念佛這個聲音是不是很愚癡的？你就一聽這個聲音，就知道這個人是聰明、是愚癡。他要是愚癡，念佛就念得很笨的；他要是聰明，念佛就念得很活潑似的。念佛也是，你會念佛的，就念得佛都來了；你不會念佛的，就念得佛去了。你看，就有這麼大的關係！

第二個七

佛七，第八天

【十二月十五日・星期五】

・聲聲彌陀，我即彌陀

果悟今天寫的這四句我講三句。第一句，「聲聲彌陀耐揣無」。你看，她給我看一遍，我就記得清清楚楚；我給她改了幾個字，我也記得很清楚。「聲」就是一聲一聲的，所以「聲聲彌陀」，彌陀就是阿彌陀佛。「耐揣無」，「耐」就是忍耐的耐；「揣」就是揣測的揣；「無」就是南無的無，是南無阿彌陀佛的南無。南無誰呢？哈，南無自己，不要南無人。南無自己甚麼呢？下一句說，「彌陀彌陀久何處？」阿彌陀佛、阿彌陀佛在甚麼地方呢？到甚麼地方去找呢？就各處去找。第四句說，「渾然忘我即彌陀」；渾然忘我，沒有我了，就剩一個「南無阿彌陀佛」了。因為沒有我了，只有一個南無阿彌陀佛；只有念「南無阿彌陀佛」，這阿彌陀佛也會現身了；阿彌陀佛現身了，就加被這所有的念佛人。

講到這兒，我想起來以前有一個事情，是誰呢？就是這個恒越（編按：比丘恒越是上人的師侄，也是師叔常義法師的徒孫）。恒越到了香港，他最初不太修行，又抽香菸，還有其他的毛病，我也不要說了；我知道是知道，但是我不願意說人的毛病。他不是懶病，也不是饞病，但毛病是很多的，所以他也不敢見我。以後他就發了道心，跟我請求要打般舟七。

所以我們現在在這兒打念佛七，這是行行坐坐，有聲念、無聲念這麼樣子，早晨三點半起來，晚間十點鐘休息，這還不太算辛苦。這個般舟七是九十天，在這九十天不坐、不臥，只在這兒走。走啊，有的時候走得把這個腳都腫了，腿也會腫了，種種毛病都會生出來，但是還要行這種法，不能跌倒；若跌倒了，據說把這個七就破了，這就不能得到般舟三昧了。（編按：上人在講述《法華經・序品第一》時，說到：甚麼是「般舟三昧」？「般舟」是梵語［*Pratyutpanna* 的音譯］，此云「佛立」，又叫「佛立三昧」。這種工夫，是一個人在一個房間裏頭常行，所以又叫「常行三昧」。這樣不坐不臥，多少日子呢？九十天。只在房子裏這麼走，除了飯食及大小便之外，就是不睡覺——這專門對治睡魔的。）

那麼，恒越就發道心了，要打念佛般舟七。他跟我講，我就在大嶼山現造了一個小房子，大約有我們這裏的五分之一這麼樣子；是二十呎乘三十呎的房子，我給他現修的。他說要打般舟七，我隨時就給他造了一個房子給他修般舟三昧，就這樣幫助他。（編按：一九五六年春，上人特別為比丘恒越修造一間關房，讓他在農曆二月十九日入住，修持為期九十天的「般舟三昧」法；又找人給他護七，幫他燒開水、拿飯菜，在那兒護持他。）

他念佛啊，唸唸佛就看見阿彌陀佛來了——喔！他就拼命地跑，拼命地唸「南無阿彌陀佛、南無阿彌陀佛……」噢，我在山坡上邊這兒，他在下邊那裏，大約離我這兒有兩百步遠的樣子。我聽到他在下邊那麼吵、大聲唸，愈唸愈大聲、愈唸愈大聲……；我一聽，就知道這不是路子了（往岔路去了），不對了。我就下去看他，一看，你說他怎麼樣啊？他在那一間房裏，跑得很快，一邊跑，一邊念佛，跑得非常快，發狂地跑。

原來有一頭海裏的水牛精，就變現阿彌陀佛的相，來引誘他了。牠怎麼會現阿彌陀佛相呢？不單是水牛精會變現為阿彌陀佛相，一切的天魔外道都有這種神通來騙人；如果你不認識，在這個時候就定不住了。恒越以為阿彌陀佛來了，就追這個阿彌陀佛——這頭水牛精在前邊跑，他在後邊追，他認為牠是阿彌陀佛了，就拼命追。

我到那兒一看，哦，然後這阿彌陀佛沒有了。因為阿彌陀佛沒有了，他就：「我方才看見阿彌陀佛來接我了，哎，哪去了？」我說：「你定一定！不要這麼慌，阿彌陀佛來了，你這麼著急幹甚麼？你念佛要念得如法啊！」這麼樣子，他算是逃過這個境界了；我如果不去呢，他就會入魔的境界了。（編按：此處，上人在《楞嚴經・二十五圓通章》提到：「等我到那兒之後，就用一種法，把他這個魔的境界給破了，他算把這個境界逃過去了；所以，念佛一樣有的時候也會著魔的。」）

現在我們在這兒念佛，因為大家在一起念佛，這是眾力來結成到一起，大家你幫助我，我幫助你，互相幫助來念佛。我雖然沒有在這個地方，但是我常常陪著你們在這兒念佛。我講這話，你們要是不相信，我也不需要你們相信。總而言之，信我的人，我講得不對，他也相信；不信我的人，我講得對，他也不相信。那麼，哪個是好的呢？都是好的。信我的，也是好的；不信我的，更是好的。你走，我也不把你拉回來；你來，我也不把你趕出去：這是自由的。我不會像其他人把你抓住不叫你走，不給你自由的。為甚麼這樣子？就因為我是 *Everything's Okay!*（怎樣都可以！）

好比有人跪到我面前要求出家，我對他說：「你等一等，自己在家裏先修行修行，考慮清楚了，然後再出家。」不單一個這樣，有好幾個都是要求出家。今天這位呢，如果我叫他出家，他也會出家的，因為他來問我；但是他出家，不一定靠得住的，不一定就真會放得下。最好的方法，我想要告訴他；但是我想一想，就不要說了。

甚麼方法呢？叫他兩個小孩子出家，這是最好的辦法。因為他有小孩子一個十三歲，一個十五歲，要是到這兒來出家，不用半年，我一定就有方法叫這小孩子有所成就；但是，我又一想：這個人，他絕對不像我這麼樣 *Everything's Okay!*（怎樣都可以！）

我在東北那時候，有一個十四歲男孩子，給我當侍者。他想要學神通，我說：「你要學神通，先要受苦通，把這個苦受了，然後才能得到通呢！你不能受苦，就不能得到通。」他就很相信的。那麼跟著我有一百多天，我叫他吃種種的苦；不能忍的要忍，不能讓的要讓，不能吃的要吃，不能受的要受，天天給他苦頭吃。

有一次，我們去一個居士家，在居士家裏住下。我們每天無論到哪裏，要休息睡覺的時候，都先要打坐兩個鐘頭。這一天大約小孩子因為太辛苦，他坐了一個鐘頭上就躺下去睡了，我把他枕頭拿著就給摔到地下去。他知道我不許可他躺著，這起來又打坐；等到我休息的時候，他也休息了，這是一次。

還有一次，我們在路上走的時候下小雨，就有一個餅在前方的路上——不是油餅，就好像我們一片麵包那麼厚的餅——在那兒被雨水澆得很厲害，都濕透了。他看見就對我講：「師父！這路上有個餅。」我說：「你拿起吃它啦。」他對我笑一笑，也沒有撿起來吃。等又走了一里路（舊稱一華里），大約是半 *mile*（英里）多，我對他說：「你天天想要求神通，今天那個餅啊，你要吃了就得神通，可惜你當時沒有吃。」他說：「那我再回去吃它。」我說：「這說破了，就不靈了！你現在吃，也沒有用了。」他一聽就哭了起來，我說：「你慢慢來，將來還有機會。」

那麼，以後經過了五個月的時間，他豁然間明白了，甚麼都知道了。他得到天眼通，又得到宿命通、天耳通、他心通、神足通，這五通他都得了，沒有得漏盡通。你這個人的前因後果，他都知道；他隨隨便便無論甚麼事情，你心裏想甚麼他都知道，這是很厲害的。為甚麼他那麼快有通呢？就因為他是童子，所以修行就很快的；不過這個，嗯，也不容易的。

我在東北栽培出來這樣的孩子有六個；我現在到美國這兒，不知道他們都怎麼樣了。當時他們跟我各處去度人，他們的力量也幫助我很多的。我現在這個地方，如果再有這樣六個人來幫著我，那就有辦法了，更不需要人相信，人自然就會相信了。

所以我在東北的皈依弟子，啊！他們對我都是很相信到極點的。譬如這兒有一個火堆，我叫他：「你跳到這個火堆裏，就成佛。」就會有人跳到火堆去。我說：「你跳到海裏，就會往生極樂世界。」

也即刻就有人會跳到海裏去。但是，我不說這種話！他們雖然相信我，我絕對不叫他們去做這種沒有意義的事情，我也不會這樣來考驗他們；不過我知道，他們真相信我。

那時候有很多人，對我的那種信心是很堅固的，一句誹謗的話也不敢對師父，沒有人敢說的；因為有幾次，有人誹謗我了，然後都病得很厲害就來我這兒懺悔。不要說這個因緣了；說這個因緣好像很駭人似的，把人嚇得更怕師父了，我不希望有人怕師父。

第二個七

佛七，第九天

【十二月十六日．星期六】

・無量壽佛，無量光佛

今天，我看見果逸（恒隱）寫的四句偈頌，說是「六八弘願三四糧」，她這個「資」字寫錯了寫成「四」字；這個「資」就是資格的資。「普度慈悲化愚泯」這個「岷」字，妳寫錯了寫成三點「水（氵）」加個「民」字，這變成一個「泯」字；這個「岷」就是一個「亡」字加人民的「民」。「岷」，這是《詩經》上的字，《詩經》上說：「氓之蚩蚩，抱布貿絲；匪來貿絲，來即我謀。」第三句，她說的「九品接引朝慈王」，這個不能說是朝慈王，就改為「九品接引朝聖主」，聖人的聖，主宰的主，朝聖主。「無量壽佛無量光」，這句不需要改；是不是妳寫的？（果逸：是。）妳將來可以寫多一點。

六八弘願三資糧，普度慈悲化愚氓；
九品接引朝聖主，無量壽佛無量光。

六八弘願三資糧：「六八」，六八四十八，就是阿彌陀佛四十八願；這不是六十八個，不像有翻譯的就以為六加八是六十八，不是。是六個八，就是四十八。「弘願」，就阿彌陀佛這個大願。「三資糧」，這個三資糧是甚麼？就是信、願、行。你首先必須要有一種信心，相信有西方極樂世界，然後你就要發願一定要生到極樂世界去；發願要生到極樂世界，那麼你就要行，就要修行，就要念佛，這叫三資糧。

普度慈悲化愚氓：「普度」，是不分種族，不分國籍，不分人我，普徧來度一切眾生。再要用這種大慈悲心，你不要用小慈悲心；要有多一點慈悲心，大一點的慈悲心。「化愚氓」，化是教化，愚氓就是愚癡的人，教化愚癡的人要生出智慧來。所以在佛教裏邊，學佛法的人，都要增長智慧，不要愚癡，不要愈學愈愚癡。怎麼叫增長智慧呢？你就一天比一天清淨，身也清淨，心也清淨，不打妄想，不打那個貪瞋癡的妄想。

方才說「氓之蚩蚩」，這《詩經》說的。《詩經》上說：「氓之蚩蚩，抱布貿絲；匪來貿絲，來即我謀。」氓之蚩蚩，「氓」，那個人。「蚩蚩」，很奇怪的。那個人很奇怪的。「抱布貿絲」，抱布，他抱著幾匹布，又有幾匹絲綢，就是那麼一卷一卷的。貿絲，來販賣絲質的這個布。「絲」，這個布，就是好一點的。這個人抱著幾匹布——絲綢，來販賣。「匪來貿絲」，說他不是來做生意的，不是來做買賣。「貿」，就是做生意。「來即我謀」，他來呀，就是打我的主意。這是一個女人寫的這麼一首詩。說這個賣布的人不是來賣布做生意，他來就是打她主意。那麼為甚麼講這個呢？就因為「普度慈悲化愚氓」有這個「氓」字，我想起這麼幾句《詩經》上的詩。

九品接引朝聖主：「九品」，就有上上品、上中品、上下品，這是三品了；中上品、中中品、中下品，這又是三品了；下上品、下中品、下下品，這又是三品了。所以這叫三輩九品，三個等級分出九品來。九品來接引這一切眾生。「朝聖主」，到那兒去給阿彌陀佛禮拜叩頭，拜阿彌陀佛。

無量壽佛無量光：「無量壽佛」就是阿彌陀佛，「無量光佛」也是阿彌陀佛，這兩個翻譯法，又叫無量壽，又叫無量光。那麼也可以說是，無量壽佛能放出無量光來，所放的光明無量，壽也無量。壽無量就是福足，光無量就是慧足，福慧雙圓，所以說「無量壽佛無量光」。

這首偈頌也不錯的，你們要常唸這個偈頌，也就可以見性成佛；你們誰要願意見性成佛，可以向這個偈頌來叩幾個頭，然後就種大善根了。（上人笑，大眾笑）這不是講笑話的！神秀師寫的那個偈頌，五祖（弘忍禪師）在那兒就叫大家叩頭，說：「你們趕快向這個偈頌叩頭，可以消你們的罪業，增長你們的福慧。」嗯，這也一樣的！

・念念彌陀，處處極樂

你念佛，我念佛，你我念佛為甚麼？
了生死，化娑婆，處處極樂阿彌陀。

無你我，有甚麼，萬物靜觀皆自得；
煩惱斷，無明破，跳出三界大愛河。

你念佛，我念佛，你我念佛為甚麼：你念佛為著甚麼？我念佛為著甚麼？說一說看！有愚癡的人念佛，就說：「求佛幫助我，我明天吃點好東西。」有的人念佛，說：「南無阿彌陀佛，南無阿彌陀佛，你快幫著我，不要天氣這麼冷囉。」（眾笑）哈哈，這是一種。又有的人念南無阿彌陀佛，說：「我希望啊，沒有一切的麻煩，如意吉祥，平安快樂。」是為著這個念佛。也有的人念佛，為了再不受苦。有種種不同的。

了生死，化娑婆，處處極樂阿彌陀：念佛主要不是為著這個，為著甚麼呢？為著「了生死」啊！我們這生了死，死了生，今生姓張，來生又姓李；今生的夫婦，來生又做母子；或者前生的母子，今生做夫婦。這都不一定的。你不要以為：噢，這個丈夫，就一定是丈夫了；那個妻子，就一定是妻子。這都不是一定的。不要說前生，就說今生，你就看看這個人世間所有一切多大的變化，有很多很多的變化，無窮的變化。所以啊，或者前生做師父的，今生又做徒弟了；或者今生做徒弟的，來生又做師父了。這都不一定的。

那麼要把這種「不一定的生死」要了了它，自己沒有主宰的這種「生了死，死了生」；你要有了這個主宰，就是我們願意活著就活著，願意死就死。願意活著的，我天天念「南無阿彌陀佛」，不願意捨我這個壽命，就永遠都活著；願意死呢，我念著「南無阿彌陀佛」，阿彌陀佛就來接我去生極樂世界，一點問題都沒有。就「身無病苦」，沒有了病；「心不貪戀」，心也不貪甚麼；「意不顛倒」，意也不顛倒了；「如入禪定」，就好像入禪定似的，就生到極樂世界去了。主要是為這個，就為的要了生死。

「化娑婆」，把這娑婆世界也化成極樂世界，變成極樂世界：沒有一切苦，但受一切樂。所以說「處處極樂阿彌陀」，處處都是極樂世界，處處都是沒有苦惱的世界；處處是極樂世界，處處都是阿彌陀佛。

無你我，有甚麼，萬物靜觀皆自得：「無你我」，你念佛念得你也沒有了，我也沒有了，佛也沒有了；所以說，「有甚麼？」甚麼也沒有了！說：「那這個可太危險了，念得甚麼也沒有了，那不完了嗎？」就怕你完不了，你要真完了，那就是解脫了。你沒有真完，所以就不會完的。如果你真完了，怎麼樣呢？「萬物靜觀皆自得」，所有的世間，一切一切的，你都明白了；甚至於那個烏鴉，為甚麼牠黑？那個白鶴，牠為甚麼白？那個松樹，它為甚麼直？那個荊棘，它為甚麼彎？你都明白了。所以叫「萬物靜觀皆自得」，你都明白了。

煩惱斷，無明破，跳出三界大愛河：這時候，你煩惱斷了，無明也破了，就「跳出三界大愛河」，跳出欲界、色界、無色界這三界的大愛河。三界裏邊是個甚麼？就是好像大愛河似的，啊！顛顛倒倒：你又講愛我，我又講愛你，愛來愛去的愛死了，還不知道醒悟；又去等到來生，還是跟著這條路走，總也出不出去。現在就要跳出三界大愛河，把這個大愛河跳出去了。有的人說：「唉！我不願意跳出去這個愛河。」那你就在這裏等一等囉。

你在這個地方停留下來，就是在這個地方生了又死，死了又生；生死輪迴，一生不如一生，一死不如一死，就往下跑，跑來跑去跑到河底下就上不來，就淹得更死了，真是淹死了！這個淹死是甚麼呢？

就是墮落到極點，就性化靈殘了——或者變一隻小蟲子，或者變一隻小螞蟻，或者變一隻小蚊蟲；變了這小小的東西啊，這個智慧也小，福報也沒有，也很容易死，也很容易生，所以這叫「一生不如一生，一死不如一死」。

有的人說：「在佛教裏講這種的道理，我絕對不相信！這完全是一種迷信，我不歡喜迷信，所以我就不信。」你不信，將來你就試驗一下，到那裏邊你就信了。等到那個的時候，你信也沒有用了；但是可以再回來，這要很長的時間不知道經過幾萬個大劫以後再可以回來，再可以做個人。所以才說：人身難得，美國難生，佛法難遇。人身難得，現在你也得了；美國難生，現在你也生了；佛法難遇，現在你也遇了。所以這是個好機會，天天來念佛，就不要懶惰，不要錯過這個好機會。我們這兒無論誰來念佛，我們都歡迎。可是來這兒念佛，就要守我們的規矩；我們大家同甘同苦，苦嘛大家一起苦，甜嘛大家一起甜。誰也不可以說我做一個特別的，不隨著規矩，這不可以。所以最要緊的是要有規矩。為甚麼？不以規矩就不能成方圓，沒有規矩就亂了。我們念佛要念得一心不亂。如果沒有規矩，搞得大家都亂了，那變成了一心都亂了，每一個人的心都亂了。所以凡是來參加念佛七的人，都要隨著規矩去做，這是很要緊的。

會念佛的人也要念佛，不會念佛的人也要念佛；相信念佛的人也要念佛，不相信念佛的人也要念佛。你講這是迷信，那我現在給你講這個「迷信」的意思。「迷信」這個意思不是很不好的，就怕你信迷，「信迷」是最壞的。迷信呢，雖然迷，雖然你不明白，但是你還有個信心。你要是信迷呢？你信是信了，但是你信邪道，信那個迷糊人的道，信那個不正確的道，那就壞了！還有「迷不信」，最壞的是迷不信。他迷，甚麼也不明白，甚麼也不信，他說：「你講甚麼，甚麼我也不信。你不吃飯會不會餓啊？能不能飽啊？不穿衣服冷不冷啊？」迷不信，這最壞的；他迷，但他甚麼也不信，這最壞的。最好的是甚麼？是「信不迷」，你信了之後就會不迷了。有這四種的分別。

所以你們各位不要就隨隨便便說迷信，就怕你不迷信；你要是迷信，你迷還能信，這就有辦法，菩薩還可以救你。就怕你迷不信，那菩薩也救不了你了，佛也沒有甚麼辦法。為甚麼？你迷不信，迷還不信。你們詳細研究研究這幾個問題。

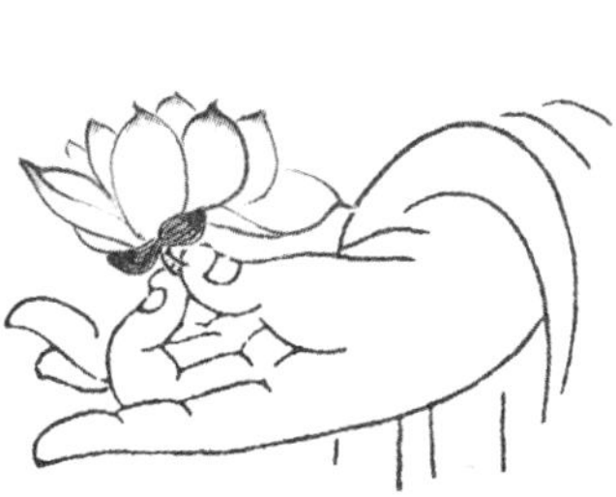

第二個七
佛七，第十天
【十二月十七日・星期日】

・少說一話，多念一佛

少說一句話，多念一聲佛；
念得妄念死，許汝法身活！

在念佛七的期間，最好不要講話，最好就是要念佛。你說一句話，就少念一聲佛；你要少說一句話，就多念一聲佛。在這十方同聚會的佛堂裏邊，大家共同用功，要爭先恐後，不要把時間空過去，要抓緊時間來念佛。

那麼，你不要把這個時間隨隨便便就空過去，不知不覺兩個佛七快過去了；因為第二個佛七已經過兩天半了，將要到第三天。時間無多，你工夫再要用不好，那可就應該生大慚愧了。所以，無論任何人，都不要隨便談話，不要沒有事情來找事情說一說。我在香港的時候，沒有人在隨便講話；等我離開香港了，他們念經念佛啊，念完了經就舂殼子，舂完了殼子又念經，也不知道是念經，也不知道是舂殼子，經不經，殼子不殼子；啊！又想念經，又想舂殼子。這叫甚麼呢？叫「老韃子看戲——白搭工」。

甚麼叫老韃子呢？就是蒙古人，中國人叫老韃子。說老韃子在那裏看戲，演戲的人講的是中國話，演的甚麼也不知道。這就是白搭工夫——不懂。也好像西方人看中文的戲，沒有學過中文就看不懂，這也是白搭工。又可以說中國人看英文的戲，不懂英文，看這個黃頭髮、綠眼睛、勾勾鼻子的外國人幹甚麼呢？*What are they doing?*（他們在做甚麼？）這也叫白搭工。

我們現在念佛，要誠心誠意的念佛！這個時間是特別寶貴的，特別重要的，不要隨隨便便把它放過去，這是最要緊的。因為時間沒有多少了，我要和你們說一說這個規矩。我看見很多人念完了佛，就「三一夥，五一群」的，三個人湊到一起或者五個人湊到一起就講話，講來講去的，也不知道講甚麼。有的摻上幾句中國話又講幾句英文，這也叫中西合璧的春殼子。春殼子就是亂講話，就好像把穀皮子給春去。那麼我們要注意，要「少說一句話，多念一聲佛；念得妄念死，許汝法身活！」（編按：這首偈頌原為《西方確指》書中，覺明妙行菩薩所說。第三句原文是「打得念頭死」，宣公上人在此將第三句改為「念得妄念死」，意思是：你念得那個妄想死了，你的法身就會活了。）

・資糧備立，金臺接引

念佛法門，是最容易修行的一個法門，也是人人能修行的一個法門。這個法門是，你只要念「南無阿彌陀佛」，臨命終的時候，就生到西方極樂世界，蓮華化身，天天聽阿彌陀佛說法，將來成佛。那麼又有人說是：「將來臨命終的時候，念佛生西方極樂世界；我們現在也沒有死，那麼現在念佛做甚麼呢？這念佛是預備將來死的時候才有用。」不錯，死的時候有用，但是在你活著的時候就要栽培。好像你種一棵樹，這樹現在有十幾丈高，但這十幾丈高的樹不是今天長的，是在以前這一天一天中長的，長到現在才有十幾丈高。

念佛也是這樣子，你現在能念佛，等到你臨命終的時候，就沒有病痛，也沒有貪心，沒有瞋心，沒有癡心，心也不亂；一心念佛，阿彌陀佛就會接你去了。若你現在不念佛，等到你臨命終，在四大分張的時候，你就想不起來念佛了。除非有善知識幫著你、提醒你念佛，這可以的；如果沒有善知識，你自己就會想不起來念佛。所以在生的時候，就要天天念佛，念的得到念佛三昧，打成一片了；這樣到臨命終的時候，你自然而然會念「南無阿彌陀佛」，就不會忘記南無阿彌陀佛。那麼，你不忘記南無阿彌陀佛，阿彌陀佛也就不會忘記你，就會乘大願船來接引你，用金臺接引你往生西方極樂世界。

你預先若不修行、不準備，到臨命終的時候，你的正念就不能現前了；正念不能現前，所以就不會念佛了。這叫「凡事豫則立，不豫則廢」（出自《禮記・中庸》），你無論做甚麼事情，預先有所準備，就能建立起來，就能成立；你要不預備呢？就廢棄了，廢絕了，沒有用了。

又有一句成諺，說得也很好的，說甚麼呢？說：「宜未雨而綢繆，毋臨渴而掘井。」（出自《朱子治家格言》）「宜未雨而綢繆」，未雨，就是沒下雨。而綢繆，有的讀綢繆（*miù*，謬音），正式應該讀綢繆（*móu*，謀音）。就是沒下雨之前，你就應該把你的房子修理好，這個 *make a no leak roof*（屋頂不漏水），把窗戶也修補好，令雨水不能從外邊落到房子裏邊來；把這門戶也都預先防護好，所以這叫「宜未雨而綢繆」。

「勿臨渴而掘井」，你不要臨著現渴了，才想要去鑿個井；想要喝水的時候，哦，*very thirsty*（很渴），才想要挖個井，那怎麼來得及呢？沒渴之前就應該把這水就預備好了；你想要喝茶，也應該早一點把水燒開了，然後沖茶就可以了。你等現渴了，現去找水，又要來燒水，又要來沖茶，這怎麼來得及呢？所以這叫「勿臨渴而掘井」。

我們現在念佛也是這樣子，在沒死之前預備好了應該去的地方，不是死了之後不知道到甚麼地方去。好像你要去 *vacation*（度假），要去 *holiday*（過節；休假），要有一個目的地，到 *Yosemite*（編按：全名 *Yosemite National Park*，優勝美地國家公園；是美國加州中東部橫跨圖奧勒米縣、馬里波薩縣和馬德拉縣東部部分地區的國家公園）。那麼你就要預備了，帶著甚麼呢？*Sleeping bag*（睡袋），又帶著一點麵包、牛油、*cucumber*（小黃瓜）、*potato*（馬鈴薯），到那兒好吃。我們到西方極樂世界也是這樣子，這是一樣的。不過你就知道現在這個旅行，不知道將來那個旅行，你就不會準備。我們到西方極樂世界，也要預備點麵包、牛油、*cucumber*（小黃瓜）；這譬喻的甚麼呢？就是信、願、行。

・念佛法門，以妄制妄

你們各位善知識，各人有各人的想法，有的時候想的是相同的，有的時候想的就是不同的。你各人打各人的妄想的時候，就是不同的。你有你的妄想，我有我的妄想。你想發財，他就想做官；這個就想做教授，那個又想得到 *Doctoral degree*（博士學位），然後就寫文章，來賣文章；另一個又想做生意。你各人有各人的妄想，所有的人都有他自己的妄想，這與生俱來的妄想是太多了。

因為妄想太多的關係，我們就要把這妄想停止了；用甚麼方法停止？方才這位居士說把腦袋割下來。辦不到。你割下腦袋，你腦袋沒有了，但腿那個地方還打妄想，它打甚麼妄想？它要跑路。你沒有頭，還有個腳，所以最好把頭也剁去，把腳也斬去，叫它不會跑了。這樣那個妄想或者是沒有了，但是他自己不知道在八識田裏還會有這個妄想。因為沒有辦法停止這個妄想，所以他說要把頭割去，說是如果能停止妄想就把頭割去都願意。

當然，你若把頭割去，一定沒有妄想了。我們現在念佛就是割頭呢！割甚麼頭？割這個賊頭——做賊的這個頭，要把它斬首示眾。怎麼樣割呢？你若真拿把刀來割，那犯殺戒。我們就用智慧劍、般若刀，來把這個無明斬斷了，把這個無明斬破了。昨天晚間不說「煩惱斷，**無明破，跳出三界大愛河**」？我叫你跳出這個愛河，你還要用這個「愛」來問 *question*（問題），這真是啊！怎麼跳出去？跳不出去的。

那麼，這念佛法門也是假的，參禪法門也是假的，密宗也是假的，律宗也是假的，禪、教、律、密、淨沒有一個法門是真的。你說：「哦，這個好。」這個怎麼樣好法？說：「我覺得它好。」那是你覺得，我覺得它就不好。為甚麼呢？我們思想不一樣。怎麼知道思想不一樣？人的思想怎麼會有不一樣的？你的面孔和我的面孔不一樣的，所以面孔不一樣，思想也就不一樣，一定的！那麼面孔會不會一樣的？不會的。你就找千萬人，絕對不會相同的，絕對不一樣的。

有人就說淨土法門好，是真的；有人就說禪宗是真的；有人就說密宗是真的；有人又說律宗是真的；有人又說都是真的；有人又說都是假的。我說：對你有益處，就是真的；對你沒有益處，就是假的。你那個真的，你要不相信，它也變成假的；假的你要相信它，也變成真的了。就是在這個地方，一切唯心造！一切由你那個心造出來的。

有人說：「哦，法師你講這都是假的，那我不相信佛囉。」沒人叫你相信佛，誰叫你相信來著，你為甚麼要相信佛？說：「他們都說好嘛。」他們都說好，那關你甚麼事？所以啊，要怎麼樣子呢？

這個念佛法門，我告訴你，你不要把它看得真了，也不要把它看得假了，就在真假之間。你用功用得好了，它就變成真了；用功用得不好，它就變成假了。不單念佛法門是這樣，所有一切法門都是這樣子。所以說：邪人行正法，正法也是邪；正人修邪法，邪法也變成正了。這就是由人那兒而論。

那麼，「念佛法門」究竟是個甚麼？這叫以毒攻毒。因為你那兒有毒；甚麼毒？你貪，是不是毒？你瞋，是不是毒？你癡，是不是毒？就是這個毒太厲害了。所以要用這個毒來治你的那些毒。你貪，在世間上有貪；這出世，你也有個貪，要貪生極樂世界；你也要有脾氣，一定要生極樂世界，不生不行的。能不能生呢？不知道。這就是個癡。那麼這貪、瞋、癡是三毒。

我們以念佛這一個毒，來攻這一切的毒，這叫以毒攻毒、以妄制妄。你這個心，忙得很，一天到晚要找工作，不會休息的。有人說：「有生以來就有妄想，就有這個思想。」不錯，這你知道一點點。這個妄想太多了，有無量無邊這個思想。在一須臾間，你這個思想就有九十個生滅；也就是這麼一秒鐘，你這個思想就有九十個生滅、生滅、生滅……有這麼多。沒有法子停止，現在我們就用「阿彌陀佛」這一句佛號來攻毒，以妄制妄。

你就念佛，我方才說淨土法門不是真的——你沒有修成，它真的也不真；你修成了，它假的也不假了。以妄止妄，念佛也是個妄想。你生到極樂世界，又豈不是個妄想？但是以這一個妄想來制一切的妄想。我們這個心，你要不給它一件事情做，它就總不自在，所以就給它找一個「南無阿彌陀佛」。

這個一句佛號來念，也就是參禪。你不要以為你就像臨濟祖師坐那個地方，這樣把眼睛一閉，裝模作樣的，你這是參禪了。你睜著眼睛也可以參禪，所謂「行亦禪，坐亦禪，語默動靜體安然」（出自〈永嘉大師證道歌〉），行住坐臥都是參禪。那麼，永明延壽大師說：

有禪無淨土，十人九蹉路。
無禪有淨土，萬修萬人去。
有禪有淨土，猶如戴角虎；
現世爲人師，來生作佛祖。

（編按：宋朝永明延壽大師〈四料簡〉：

有禪無淨土，十人九蹉路；陰境若現前，瞥爾隨他去。
無禪有淨土，萬修萬人去；但得見彌陀，何愁不開悟。
有禪有淨土，猶如戴角虎；現世為人師，來生作佛祖。
無禪無淨土，鐵床並銅柱；萬劫與千生，沒箇人依怙。）

今天因為時間來不及了，不講那麼多了。

這個禮拜，佛七打完了就該打禪七了，打禪七就該走蹉路了（眾笑）；不過不要緊，你走錯路再走回來，沒有問題！有一個人說：「你這個法師盡叫人走錯路，這真不是一個善知識。」我沒有告訴你，我是一個善知識啊，我有告訴你說「喂，你聽見沒有，我就是個善知識」？沒有這麼告訴你，那我就沒有騙你。修行你認為這是走錯路了，你就不要走——你在世界上走那個錯路不知道走得有多少，為甚麼你要去走？有人叫你去走沒有？沒人叫你去走，你就走了。

你們會學佛法的人應該明白了，但是不學佛法的人、不聰明的人，說多少也是糊塗，說得愈多愈糊塗。

我今天晚間講的，你來回想一想，這裏頭有一點意思。你不要問我是不是個善知識，你要問你自己是不是個善知識，比較好一點。

第二個七

佛七，第十一天

【十二月十八日・星期二】

・一心念佛，身心放下

光陰是很快的，你想留它也留不住，它對你是一點客氣也沒有的。第一個佛七已經過去了，第二個佛七又有一半過去了，還剩有三天，在這三天，人人念佛應該念到一心不亂，念到念佛三昧。

光陰無多了，不要再馬馬虎虎的！我們一定要戰勝這個妄念，一定要戰勝這個賊頭。哪個是賊頭？你眼睛，也是個賊頭；耳朵，也是個賊頭；鼻子，也是個賊頭；舌頭，也是個賊頭；身，也是個賊；意，也是個賊。這叫六賊。

怎麼說六賊呢？眼睛，就把你眼睛的精神給偷走了；耳朵，就把你耳朵的精神給偷走了；鼻子，把你鼻子的精神給偷走了；舌，就把你舌頭的精神給偷走了；身，就把你身的精神給偷走了；意，就把你意的精神給偷走了。所謂偷走，就是隨著六根門頭去轉。

眼睛看顏色，它會回來就告訴你說：「那個顏色真好看，那個美色真美麗，你看多一點啦！」那麼你一看多，把眼睛的精神就跑了。耳朵聽好的音聲，愈聽愈歡喜聽，愈聽愈愛聽，愈聽愈放不下，就把耳朵的精神也給散出去了。鼻子、舌頭、身、意都是這樣。所以不要以為你長了眼睛會看、耳朵會聽、鼻子會聞香、舌頭會嚐味、身就有觸、意就有緣法，這都是最妙的。不錯，最好的也是六根，最壞的又是六根！

所以這六根門頭，你要會用它，就可以成道業；你不會用它，啊！就去墮落。你要能不被六根、六塵、六識這個境界轉，這就是如來藏性，就是妙境界；你要是被它所轉，就是不妙境界了。你能成道業，也是由這六根來幫助你成道業；你不成道業，還是由你這六根來累得你不成道業。所以在這個地方，你要會用，就成就你的定力、慧力、戒力，都能成就；不會用，造罪業也是它，造孽也是它，做惡也是它——這造罪孽過了！

現在我們在佛堂裏邊，用以毒攻毒的方法，來停止我們一切的妄念，發無上菩提心。你不要在這個時候找真的找假的，找對找不對。法沒有對待的，沒有真的假的；你有真的假的，已經落到第二義了。我們自性是好像虛空似的，沒有真的也沒有假的！我們從無量劫以來到現在，生生世世都在這個六根門頭來作戲，所以到現在還是沒有出去這個六道輪迴。沒有出去還不要緊，也不想出去了，就在這地方認為這就是自己的固有的家鄉。

我們現在遇到佛法了，得到善知識指示這個念佛的法門，我們應該就一心念佛來修行。無論是哪一個法門，你能以專一其心，都會有成就的；你不專一其心，用兩個心來修，都不得利益。你不要一個腳踩著兩隻船，又要到江北，又要去江南；你這樣子，江北也去不了，江南也不能到。為甚麼呢？啊，你往南走，那個船就往北走。

所以我們修道首先要專一其心，一心修行。你專一其心，你心專到極點，到極處了，那時候就會得到好處了；你不到極點，那不會得到好處的。你苦到極處，就該樂了；你窮到極處，就該富了。世界都是輪流轉的。所以你不要怕苦，我們也不要怕窮。我們用功，就要拿出真心來用功，不要將信將疑的；就算你不相信這個法門，你也試試看，把身心放下——念佛來試一試，究竟得到甚麼好處。你要能身心放下，一心念佛，你就會有不可思議的這種成就；如果你將信將疑，那就無所成就。

・一稱佛號，已成佛道

佛住世的時候，有一位老人想要到祇桓精舍去出家，偏偏這一天，釋迦牟尼佛不在祇桓精舍，到外邊去應供。佛應供去了，這些諸大阿羅漢都在祇桓精舍；那麼這位老人年紀很大了，就來要求出家。這大阿羅漢就都得先觀察這位老人的善根深淺。這個阿羅漢一觀察：「哎呀，這個人沒有善根呢！」就跟另一個阿羅漢說：「欸，你試試看！你給他看一看，觀察這個人。」譬如這個目犍連尊者就叫舍利弗尊者給看，舍利弗尊者一看，說：「這個人不能出家的，他沒有善根！」又叫迦旃延尊者給看一看，他一看，也說沒有善根。他們就說：「我們三個人觀察，他都沒有善根，不能出家的。他在八萬大劫以內都沒有種過善根，也沒有供養過三寶，也沒有皈依過三寶，也沒有信仰三寶的善根，這不能出家的！」

於是乎，大家就拒絕這位老人，說：「你沒有資格出家的，我們這兒不能收你！因為你在八萬大劫以內都沒有種過善根。」

這個老年人大約也無依無靠了，既沒有兒子又沒有女兒，就剩一個人；他說：「唉！我這個命真苦啊！我這麼大年紀無依無靠，想要出家，這佛法這麼慈悲都不收我，我還活著有甚麼用呢？」於是走到恒河邊上就要跳恒河去，到恒河裏邊去吃沙子。

正要跳恒河的時候，釋迦牟尼佛應供回來，一看這老年人，噢，鼻涕有一尺多長，眼淚流得滿面。佛看這位老年人這麼悲哀，就問：「你在這兒做甚麼啊？」

老人說：「唉，我想要出家做比丘，祇桓精舍也不收我，我覺得我這個生命太沒有價值了，所以早一點結束它算了。」釋迦牟尼佛說：「你不要結束生命，你回來！我就是釋迦牟尼佛，你跟著我出家；他們不收你，我收你——我的徒弟不收你，我做師父的收你。走啦！」

這個老年人破涕為笑，嘿哈哈就笑起來，像小孩子似的，說：「真的嗎？那好了，我跟你去了。」那麼跟釋迦牟尼佛回去就出家。

他要出家，釋迦牟尼佛給他落髮，當下這位老人就證果了！這些大阿羅漢就都生了懷疑心：「佛法不是這樣子的？他沒有種善根，怎麼可以證果呢？這個是奇怪了！我對佛法也生了懷疑了。」

於是舍利弗尊者就忍不住了，說：「世尊！佛法裏邊是講道理的，哪有沒有道理就證果了？他沒有種過善根，怎麼可以出家證果呢？我對這件事情真是太不明白了，太懷疑了，有疑惑，請世尊說一說他這個因緣。」

釋迦牟尼佛說：「這個人你們說他沒有種過善根啊，你們阿羅漢的天眼通只能看八萬大劫以內的事情，八萬大劫以外的事情就看不見了，就不知道了。這位老年人在八萬大劫以前，是在山上斬柴的一個樵夫。有一天，他在那兒正斬柴時就來了一隻老虎，看見老虎來了，他就爬到樹上去。老虎非常聰明就咬樹幹，想咬斷了樹，等他跌下來就可以吃他。這就好像有那種小的畜生，都可以把很粗的樹給咬斷。老虎也是有這種本事，就咬這個樹。堪堪就要把樹咬斷了，這時候，他在樹上邊，頭也出汗了，身上也出汗了，啊！嚇得渾身就像篩糠了似的，發抖而顫，就在那兒打顫顫。正在沒有法子時，他想起念佛來了，就唸了一聲『南無佛！』這隻老虎一聽這一聲『南無佛』，也不咬樹了，就跑了。那麼，他下了樹，也沒有被虎咬死。這是他嚇得沒有法子的時候唸了一聲佛，以後他也沒有唸了。所以就這一句『南無佛』的善根，是在八萬大劫以前種的；現在這個因緣成熟了，所以他到這兒來出家，就會證果了。

在《法華經》上也說：「一稱南無佛，皆已成佛道！」《法華經》上都這樣子來說，所以我們念「南無阿彌陀佛」不是一稱，這是萬稱啊，天天念幾萬聲「南無阿彌陀佛」。你若不成佛，我不相信的！我絕對相信你能成佛，早成晚成，早晚一定成！如果你不成佛的話，我下拔舌地獄！你要相信；你若不相信，那不關我事。

第二個七佛七，第十二天

【十二月十九日・星期二】

・染緣放下，速往西方

果進（*Janice Storss*）寫的這八句詩說得也很有道理的，她原來說「頭上清雨甘露水」，那麼「清雨」二字莫如「徧灑」，所以「頭上徧灑甘露水」；這一句，說的是觀世音菩薩。「身放熾光永照明」，這個身上放的熾光永照明；這無邊光熾身，是大勢至菩薩。還有，她說「一念彌陀一蓮生」，這莫如「一念彌陀一蓮華」，你一念彌陀就有一朵蓮華生出來。「三世幻化三界夢」，這個「界」字應該改到上邊去，「三界幻化三世夢」。所以全句是：

頭上徧灑甘露水，身放熾光常照明；

一念彌陀一蓮華，三界幻化三世夢。
萬法唯心融無礙，眾德歸性解脫懷；
染緣放下得自在，速往西方紫金臺。

第一句是「**頭上徧灑甘露水**」。我們念佛，觀世音菩薩到這兒來加被我們，用甘露水常常來灑我們的頭。

第二句是「**身放熾光常照明**」。大勢至菩薩也常放這種無邊的光熾身，沒有邊際的光明常常照著我們。為甚麼？因為觀世音菩薩和大勢至菩薩，是阿彌陀佛的徒弟；他們兩位大菩薩，是幫助阿彌陀佛弘揚淨土法門的。在往昔都是發願，來護持阿彌陀佛的。等到極樂世界的教主阿彌陀佛退居的時候，就是觀世音菩薩做極樂世界的教主；觀世音菩薩到退居的時候，就是大勢至菩薩做極樂世界的教主。

所以這二位菩薩，是幫助阿彌陀佛弘揚淨土法門的。

第三句是「**一念彌陀一蓮華**」。你一念「南無阿彌陀佛」，西方極樂世界就有一朵蓮華生出來。那麼你念十句「南無阿彌陀佛」，是不是有十朵蓮華生出來呢？不是的。念十句，也是這一朵。若十個人念，就有十朵。一個人念，就一朵。

有人說：「那麼念一句阿彌陀佛，就有一朵蓮華了，還要念做甚麼呢？念十句，也沒甚麼用了？」不是的。你念一句有一朵蓮華，這個蓮華是小一點；你再念一句，蓮華又大一點；再念一句，蓮華又大一點；你念的佛愈多，你那個蓮華就愈大，長得愈茂盛。所以，你天天念佛，時時念佛，刻刻念佛，月月念佛，年年念佛；你這一生，生生世世都念佛，你這個蓮華就長得大了，愈長愈大。你蓮華長得大，將來你成佛的果位也高，就上品上生。所以說一念彌陀一蓮華。

第四句是「**三界幻化三世夢**」。三界，就是欲界、色界、無色界。欲界，就是我們這個叫「五趣雜居地」；欲界的眾生，就這個欲念非常重，染污心多，所以叫欲界。色界呢？他是只有顏色，就沒有欲了。無色界，他連個色相也沒有了，清淨了。但是這都在三界裏邊，三界都是不平安的地方，所以說「三界無安，猶如火宅」，好像一個火的宅似的，也都是幻化虛妄的。你不要執著你有個身體了，又認為你這個身體怎麼樣好；你怎麼樣好，你再美麗，裏邊都是臭的——臭皮囊。你不要那樣愛惜你這個臭皮囊。所以「三界無安，猶如火宅」，好像一個著火的房子是一樣的。

那麼「三世夢」；三世，是過去世、現在世、未來世；也可以說是三生，過去生、現在生、未來生。就好像作夢似的。如果不是作夢，前生的事情，你怎麼記不得了？如果不是作夢，你為甚麼在作夢的時候，不記得醒時的事情呢？你作夢啊，就不知道在白天幹甚麼，你都忘了。有人說：「有的時候我作夢，白天我幹甚麼，我晚間就作甚麼夢。」但是那時候你也不知道是作夢。好像人作夢的時候，有人告訴他，說是：先生，或者小姐，或者太太，或者是一個甚麼professor（教授），「你現在是作夢呢！」他不相信。等他夢醒了，沒有人告訴他，他也知道，「哦，昨天晚間我作了一個夢，夢見發了財了，又做了官了，以後又做皇帝了，原來這都是假的。」

你知道作夢是假的，你現在何嘗又不是作夢呢？你就在明白的時候，就是作夢了嘛；你如果不是作夢，怎麼你前生的事情，你就不知道了？這也好像你在夢裏邊的時候，你就不知道白天不作夢時候的事情了，不知道了，也一樣的。所以說三世夢。你要這麼樣一想，還有甚麼可執著的？一切都是如幻如化，虛妄不實的，都是作夢的嘛！所以你能把這個夢看破了，那就是覺悟了。

第五句是「**萬法唯心融無礙**」。萬法都不離現前的一念心，所謂「佛說一切法，爲度一切心；我無一切心，何須一切法。」（出自《禪源諸銓集》卷四，六祖大師所云。）佛說的種種法，因為眾生有種種心，所以說萬法唯心。融無礙，這種法是圓融無礙的。

第六句是「**眾德歸性解脫懷**」。這一切的德，都是不離自性；自性包容一切的德，所以叫眾德歸性。解脫懷，你無所執著，得到解脫了，這種的胸懷。

第七句是「**染緣放下得自在**」。你要能把染污的心放下，就得到清淨自在的本體了。第八句是「**速往西方紫金臺**」。你快一點到西方極樂世界去，到紫金色的蓮華臺那地方去修行去，親近阿彌陀佛，常常念佛、念法、念僧。

第二個七

佛七，第十三天

【十二月二十日・星期三】

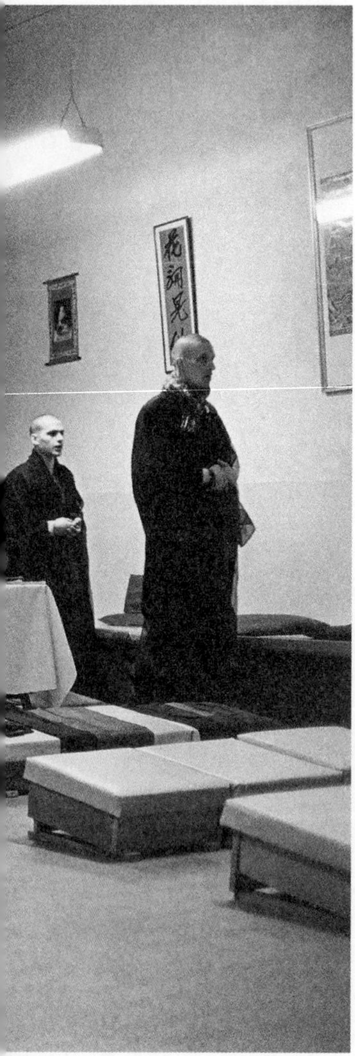

・願生西方，永不退轉

上人：誰有沒有甚麼問題想要問呢？

弟子：生到極樂世界的「生」，和我們的「生」有甚麼不一樣的？

上人：要明白這個問題，就先要從阿彌陀佛在因地的時候說起。阿彌陀佛在因地（是法藏比丘時），他修種種的法門，都很不容易修成的。所以他就發了一個願，說是十方世界所有的眾生，他們學習佛法也都像我以前這麼困難；那麼我現在要發四十八願，每一個願都是接引眾生，生到我的國土。

法藏比丘說，生到我的國土有甚麼好處呢？就花開見佛。這不是從父母這種不乾淨的因緣所生的，而是生到極樂世界蓮華化生，在蓮華裏邊現出一個身體來。現出的這個身體都是只有男的，所以極樂世界沒有女人。那麼生到極樂世界，再就不受輪迴了，超出六道輪迴去。一生補處，就永不退轉；生到極樂世界，就一定成佛的。

阿彌陀佛發這四十八願，每一個願都是接引眾生去成佛。這個「生」，和我們凡夫生死的「生」不同的；一生到極樂世界，再就不墮落三惡道，永遠都不退轉，決定將來成佛的。因為這種關係，所以每一個人都要念佛，求生淨土。

極樂世界那個地方，不像我們娑婆世界這種眾苦交煎、萬惡充滿的，它不像這樣的。那個地方無有眾苦，但受諸樂；所聽的都是法音，所見的都是法境——法的境界，常常聽見阿彌陀佛說法。小鳥都宣說這五根、五力、七菩提、八正道，鳥音所唱的都是在說法。所以說，水流也是說法，風動也是說法，在極樂世界那種境界不同的。

所以這個「生」，和我們凡夫那個「生」是不一樣的。這個「生」，是了生死了；凡夫那個「生」，是有生死。願生極樂世界這個「生」，是再沒有生死了。

在阿彌陀佛四十八願之中，有一願說：十方世界一切眾生，若有稱我名號者——就是念我成佛這個佛名的，都生到我這個國土裏頭來。他們生到我這個國土，就花開見佛，悟無生忍；如果他們不生我國的話，我也不取正覺。

阿彌陀佛因為發這樣的願，所以釋迦牟尼佛對舍利弗尊者及一切的大阿羅漢，提出這個法門來告訴一切眾生。因為這種關係，所以我們人念佛，求生極樂世界，這是一生就永不退轉了！

這幾句偈頌說得很好：

願生西方淨土中，九品蓮華為父母；
花開見佛悟無生，不退菩薩為伴侶。

「願生西方淨土中」，這個西方淨土和其他的國土不同。怎麼不生東方瑠璃世界呢？因為瑠璃世界的眾生，還沒有完全脫出輪迴去。怎麼不生南方寶生世界去呢？南方寶生佛，也沒有阿彌陀佛發這樣大的願接引眾生。所以說，願生西方淨土中。

「九品蓮華為父母」，九品，就是上上品，上中品，上下品；中上品，中中品，中下品；下上品，下中品，下下品。這九品蓮華做我們的父母；不是由血肉之身而生出來的身體，是由蓮華生出來的。

「花開見佛悟無生」，蓮華一開，我們這個佛性就在蓮華上現出一個身體來；我們這個身體現出來了，就親見南無阿彌陀佛，悟無生法忍，得到不生不滅、不垢不淨、不增不減這種境界。所以願意生極樂世界，也就是了生死了。你要在娑婆世界了生死，這是不容易的。到極樂世界，只怕你生不了；你一生到極樂世界，就不退轉了。所以說花開見佛悟無生。

「**不退菩薩為伴侶**」，在極樂世界，所有的朋友和眷屬都是大菩薩，都是不退轉的菩薩。所以在那個地方做我們的法眷屬，做真正的朋友。

淨土法門，這是最容易修的一個法門，在過去諸大菩薩都讚歎修行淨土法門。好比，文殊菩薩也讚歎念佛；普賢菩薩在《華嚴經・普賢行願品》也是攝十方眾生往生淨土，普賢菩薩也一樣念佛，求生淨土。觀世音菩薩也是念佛，大勢至菩薩也是讚歎念佛法門。你們聽過《楞嚴經》的人，應該知道〈大勢至菩薩念佛圓通章〉二十五聖各述圓通。大勢至菩薩就說這個念佛法門，說得非常之好。這是過去諸大菩薩都讚歎念佛法門，專修淨土法門。

在過去的一切祖師，都先參禪而後念佛；參禪開悟了之後，就專門念佛。念一句阿彌陀佛，就有一個阿彌陀佛的化身現出來，永明壽禪師就是這樣子。最近的，這印光老法師，專門提倡念佛法門；虛老也是提倡念佛法門。

這念佛法門，是最容易修行的一個法門——是最方便、最容易、最簡單、最圓融的一個法門。所以對於這個法門，你既然不相信，也不要誹謗；你不誹謗，那就是相信了。

這個法門，是十方諸佛所共稱讚的一個法門。你看《彌陀經》上，六方諸佛都出廣長舌相，徧覆三千大千世界，來稱讚這個法門。如果不是正確的話，六方諸佛為甚麼都讚歎它？由這一點證明，我們修這個念佛法門是最好的。尤其在末法的時候，人人應該修。可是，現在我們在美國是正法的時代，你們不修行這個念佛法門呢，那就要拼命來參禪，不要怕苦！

就是這個禮拜，禮拜幾開始打禪七？（果寧：禮拜五晚間。）禮拜五晚間。（果寧：沒有休息就開始。）我是「山中無曆日，寒盡不知年。」（出自唐・太上隱者〈答人〉詩）那麼你們說是今天初一，就是初一；你們說今天十五，就是十五；你們說今天二十，就是二十。你們說今天是二十五耶誕節來了，就是二十五。

這個淨土法門，我們在禮拜五佛七圓滿了，禪七就開始。看我們這兒！你若不信念佛法門，信參禪法門，就來試一試——啊，早晨兩點半起來，晚間十二點鐘休息，你看你受得了受不了。受不了，就跑；受得了，就覺。（編按：一九七二年十二月八日至二十二日舉行兩週佛七，佛七圓滿當日晚間繼續起一週禪七。）

冰箱裏，要把火給生起來，我們把冰烤化了叫它變成水，這樣你自性裏頭的波浪就會停息了。波浪停息了，水成波，波又成水；水成冰，冰又成水。你能返本還原，見到本來面目；你的本來面目是甚麼樣子？你明白了，那時候，你覺得在這個冰箱裏挨了一場凍也非常值得，是有價值！這樣以後就很多人都願意往這個冰箱裏跑來；但你要是凍死了，那以後就沒有人敢來。

第二個七

佛七圓滿日，第十四天

【十二月二十一日・星期四】

・唯心淨土，自性彌陀

極樂世界，為甚麼叫極樂？因為它樂到極處了。怎麼樣樂到極處呢？它是這種天然的快樂，不是由環境支配才快樂的。

因為它快樂到極點，就沒有一種的欲心。我昨天所說的沒有女人，今天又可以說沒有男人，只有女人。那你又怎麼樣想？哈哈！（眾笑）有人說：「這是由法師你隨便講的嗎？」你這麼樣問，我就這麼樣講嘛。

所謂「大道不分男共女」，沒有分別；你有分別，這就落了第二義了，就不是第一義了。第一義，是一合相，沒有男相也沒有女相，沒有人相又沒有我相。既然沒有人相，你怎麼可以說有男女？既然沒有我相，你怎麼又可以說有男女？你想一想看。

那麼極樂世界所有的人，說全是男人，又可以說全是女人，為甚麼呢？他沒有男女這種的情欲，男的也沒有這種情欲，女的也沒有這種情欲。所以，你也可以說它全是男人，你又可以說它全是女人，女人就是代表男人，男人又是代表女人。你看，妙不妙！

你看，我們人世間這個娑婆世界，必須要男女有一種肉體的情形，又是講情講愛。極樂世界那兒沒有一種情愛，是真正的快樂，沒有男女的分別；男的和女的是一樣的，在他自性裏邊有無邊的快樂。

我說這話你若不相信的話，你就拿果孟在香港寫來的那封信，看看他現在情形是甚麼樣子。這果孟呢，以前盡作夢來著，現在這個夢稍微醒了一點，所以他打坐的工夫用得不像以前那麼睡覺了；以前一打坐，坐那兒就叩頭——就睡著了，頭就叩到地下了。現在說不那樣了，是不是？（果寧：他現在沒有那樣了。）沒有了，打破這個關了！打破這個關，在他本身的時候，有的時候就覺得是男人，有的時候又覺得是女人。那麼是不是半性，半月男，半月女？不是的。他在用功的時候，就有這種的不可思議的境界。你們若不願意完全是男人，也可以摻上一點女人，哈哈！（眾大笑）

不過這個分別呢，是眾生的分別心；在自性上，不錯，沒有男女之分，一切眾生同具佛性。那麼在眾生的份上，你不能說他沒有分別；在佛的份上，你又不能說有分別。所以極樂世界是隨心所現——唯心淨土，自性彌陀。你心裏不打妄想，那就是淨土了；你自性沒有煩惱，把無明斷了，那就是佛。

你問問你自己，是不是真正沒有煩惱了，是不是真正沒有無明了。譬如我講，極樂世界都是男人，女人就不高興了；或者說極樂世界都是女人，男人也不高興了，「欸，那個地方我不願意去了！」這都是一種執著，一種分別。到無分別了，這就自己的智慧現前了；有分別，這都是一種識，八識的作用。你不執著男女的相，分別心就會少一點。

好像在道場裏，這是修清淨法；但是眾生都是染污心重，不是清淨本源的面目。因為染污心重，所以就要有一點規矩。等到染污心沒有了，那就沒有分別了。

所謂沒有男女相，就是沒有男女這種分別。在極樂世界都是菩薩境界，女的也是菩薩，男的也是菩薩；所以就說好像男人一樣，也可以說好像女人一樣，男人和女人都沒有情欲的這種思想。所以雖然是兩種，也可以說是一種；雖然說是一種，又可以說是兩種。

在佛法裏邊是要破人的執著，一切都沒有執著，這就沒有障礙了；你若有所執著，就有障礙了。有障礙，你就得不到真正的快樂；得不到真正的快樂，你就常常有煩惱生出來。

極樂世界，阿彌陀佛在那兒說法，一切的禽鳥都出和雅音來說法。

應該研究阿彌陀佛的願力和極樂世界的情形，為甚麼極樂世界沒有這個情愛的分別？就因為他是蓮華化身，由蓮華裏頭生出來的人，所以他都是清淨的。他不是父母血肉的身體造成的，不是父精母血結胎然後生出的小孩子；他是由這個佛性生到極樂世界，在蓮華裏頭生出來，所以他是清淨沒有染污的。

有人說：「這個法門既然這麼講，這恐怕靠不住吧？」我沒有講嗎？十方諸佛菩薩都稱歎淨土法門；如果靠不住，那佛不打妄語的，佛不是隨便亂講的！不像我們世界這個人，愈是 *Big Man*（大人物），打妄語就愈大。

我今天遇著一個人，他說他做這個工作做了二十五年了。我說：「你多大歲數了？」他說三十五歲。那麼我又見著另外一個人，他也認識這個人。我就問：「某某他做工怎麼樣啊？」他說：「他是 *very big, very good.*（很大，很好。）」我問：「他做你這種工作，做多少年了？」他說：「哦，*about thirteen years*（大約十三年）。」我說：「哦，他告訴我，他說做你這個工作，已經做二十五年了。」這個人笑笑。我說：「哦，這 *Big Man*（大人物）就是專門 *say lie*（打妄語的），所有的 *Big Man*（大人物）都是要打妄語打大一點。他做十三年，就說做二十五年。」

可是，十方諸佛不會這樣子，不會向眾生打妄語的；佛是真語、實語、如語、不妄語的！

我們對於極樂世界這個淨土法門，應該有時間深加研究，不明白的地方常常來討論、研究，那麼一點一點的就會明白這個道理了。極樂世界在甚麼地方？說，在西方。方才不說「唯心淨土，自性彌陀」，自性就是阿彌陀佛。你不打妄想，你肚子裏邊清淨了，那就是淨土；甚至於你所吃下去的東西，都變成香的，不會臭，那叫淨土。

我們修行念佛法門，有的人說：「這有甚麼用？」那你天天打妄想有甚麼用？你怎麼不說你打妄想沒有用？要念念佛，你就說念佛沒有用了。你這念一句佛，你就少打其他的妄想；少打其他的妄想，這就是淨土了。這是在理上來講。

那麼事上來講，西方的確有阿彌陀佛，的確有淨土。這淨土，不是就一種淨土，有凡聖同居土、方便有餘土、實報莊嚴土、常寂光淨土四種。凡聖同居土，也有聖人，也有凡夫，不過凡夫都是住在蓮華蕊裏頭像住胎似的；住到那個地方很久很久的時間，然後蓮華才開，才見到佛。這是凡聖同居土。方便有餘土，這是二乘人住的地方。實報莊嚴土，這是菩薩住的地方。常寂光淨土，這是佛住的這個淨土。不是就說淨土，就是淨土。

・天天念佛，供養彌陀

打佛七，天天念佛，這叫種佛的種子。你念一句佛，就種下一個佛種；念十句佛，就種下十個佛種；我們天天念百千萬聲佛，就種百千萬這麼多的佛的種子。你把這個種子種下去了，將來一定會發

生的。你也不要管你念佛是散心念，是定心念。有這麼兩句話說得很好，

清珠下於濁水，濁水不得不清；
佛號投於亂心，亂心不得不佛。
——出自《徹悟禪師語錄》

由這兩句話看來，我們念佛的功德不可思議！你念佛，就不打其他的妄想；不打其他的妄想，這就是你自性的功德。

念佛也有四種念法，有「持名念佛」，就是念「南無阿彌陀佛、南無阿彌陀佛……」。

有「觀想念佛」，想著「阿彌陀佛身金色，相好光明無等倫；白

毫宛轉五須彌，紺目澄清四大海。光中化佛無數億，化菩薩眾亦無邊；四十八願度眾生，九品咸令登彼岸。」那麼觀想阿彌陀佛。

又「觀像念佛」，對著一尊阿彌陀佛像，來念「南無阿彌陀佛」。那麼清清楚楚的，每一聲佛念得——口裏念得清清楚楚的，耳朵要聽得清清楚楚的，心裏要想得清清楚楚的。這叫觀像念佛。

又有「實相念佛」。實相念佛就是參禪，你參禪參「念佛是誰？」你找這個念佛的是誰。

我們這兩個禮拜念南無阿彌陀佛，等一下這佛七圓滿了，我們就要找這個「念佛的是誰？」要找，一定把它找到，不要丟了。你要丟了，那就是迷失路徑了，就回不了家了；回不了家，就見不著阿彌陀佛了。

明天是阿彌陀佛的聖誕，我們大家都要特別誠心一點來拜佛、念佛、打普佛，紀念阿彌陀佛的誕辰。

有人問我：「師父，我想供養你，供養甚麼好呢？」我說：「你供養我念佛是最好的。你以念『南無阿彌陀佛』來作為供養，這是我最高興的。」

你以真心念佛，這就是真心供養；你以定心念佛，就是定心供養；你以戒心念佛，那就是戒心供養；你以慧心念佛，就是慧心供養。以戒、定、慧三無漏學來念佛，這就是真正的供養。發大心，就是大供養；發小心，就是小供養。你念佛，這是究竟的供養。所以你們誰願意供養師父，就念佛，這是我最歡喜的；我最歡喜的，就是人念佛。但是不要念我，不要念師父，念師父沒有用的；念佛，那就有不可思議的境界了！

附錄

- 一句彌陀萬法王◎宣化上人
- 信願行三資糧◎宣化上人
- 法界佛教總會簡介
- 宣化上人略傳
- 宣化上人十八大願

一句彌陀萬法王

——宣化上人開示於一九六九年・三藩市佛教講堂

為甚麼要念「南無阿彌陀佛」呢？因為阿彌陀佛和十方一切眾生都有大因緣。阿彌陀佛在因地時，就是他沒有成佛以前，是一個比丘，名字叫法藏。法藏比丘發了四十八大願，每一願都是要度眾生成佛的；其中有一願是這樣說的：等我成佛的時候，所有十方一切眾生，若念我的名號，也一定會成佛；如果他們不成佛，我也不成佛。阿彌陀佛的願力，是要攝受一切眾生都成佛去，都生到他那個國土，然後成佛。

阿彌陀佛這願力，就好像吸鐵石那種吸鐵的力量，而十方所有的眾生都好像這一塊鐵，所以把十方的眾生都吸到極樂世界去。如果吸不到呢？阿彌陀佛也不成佛。所以我們一切眾生，若有稱念阿彌陀佛這個名號的，就都有成佛的機會。

《阿彌陀經》是佛不問自說的。為甚麼不問自說呢？因為沒有人懂這個法門，所以就沒有人問；大智舍利弗尊者雖然當機，但是也不知道怎麼樣問。佛可以說是在忍不住之中，把這個最方便、最直接、最了當、最省事又省錢的念佛法門告訴大家；只要每一個人能專心念佛，念得「**若一日、若二日、若三日、若四日、若五日、若六日、若七日，一心不亂，其人臨命終時，阿彌陀佛與諸聖眾現在其前**」，就來接引你。

所以這個法門是一般人所不能相信的，可是這卻是最直接、最了當的法門；念佛法門是三根普被，利鈍兼收，不論你是聰明的人，或是愚癡的人，一樣都可以成佛。生到極樂世界，那是「無有眾苦，但受諸樂」的，從蓮華化生，不像我們人要經過胎藏；極樂世界那兒是以蓮華為胎，在蓮華裏住一個時期，將來就成佛了。

一句彌陀萬法王，五時八教盡含藏；
行人但能專持念，定入如來不動堂。

「一句彌陀萬法王」：這一句彌陀，就是萬法之王。「五時八教盡含藏」：五時，是⑴華嚴時；⑵阿含時；⑶方等時；⑷般若時；⑸法華涅槃時。八教，是⑴藏教；⑵通教；⑶別教；⑷圓教；⑸頓教；⑹漸教；⑺祕密教；⑻不定教。這五時八教合起來，都在這一句彌陀裏頭包含了。「行人但能專持念」：我們無論哪一個人，能專心念佛，

「定入如來不動堂」：一定到常寂光淨土，到極樂世界去。

我們末法眾生就是以念佛得度，誰若想得度，誰就念佛。所謂：

少說一句話，多念一聲佛；

打得念頭死，許汝法身活。

我們大家不要忽略這個念佛法門。

信願行三資糧

——宣化上人開示於一九六九年・三藩市佛教講堂

「信、願、行」，這是修行淨土法門的三資糧。甚麼叫資糧呢？就好像你要到一個地方去旅行，你要預備一點吃的東西，這叫糧；你又要預備一點錢，這叫資。資糧，也就是你所吃的，和你所需要用的錢。你想到極樂世界去，也要有三資糧，這三資糧就是信、願、行。

首先，你一定要信。你若沒有信心，那你與極樂世界阿彌陀佛就沒有緣；你若有信心，就有緣了，所以首先要有信。你信，要信自己，又要信他；又要信因，又要信果；又要信事，又要信理。

信，甚麼叫信自己？你要信自己決定可以生極樂世界，你有資格生到極樂世界去。你不要把自己看輕了，說：「哦！我造了很多罪業，我無法生到極樂世界去！」這就是沒信自己。

你造的罪業多，是嗎？這回你就遇著好機會了，甚麼好機會？可以帶業往生；你造的甚麼罪業，都可以帶到極樂世界去。可是帶業，你又要知道，是帶宿業，不帶新業。宿，就是宿世，前生的罪業可以帶去；新業，就是將來的罪業。這個帶業不帶新業，就是帶過去的罪業，不帶將來的罪業。你以前所造、所行、所做，無論你造了甚麼罪業，現在你改過自新、改惡向善，那麼以前你所造的罪業，可以帶到極樂世界去，但不帶將來的業。

信他，你要相信西方確實有一個極樂世界，離我們這個娑婆世界有十萬億佛土這麼遠。這是當初阿彌陀佛在沒成佛以前，做法藏比丘的時候，發願將來造成一個極樂世界，十方的眾生若發願生到他這國土，只念他這個名號，就可以生到極樂世界了，其他甚麼事情都不用費心——這是又容易、又簡單、又方便、又圓融，既不費錢又不費力，可以說這種法門是最高的法門，最無上的法門。你只念「南無阿彌陀佛」，就可以生到極樂世界去了，這就是「信他」。

又要信因，又要信果。信甚麼因？要信你自己在往昔有善根，才能遇到這種的法門；你若沒有善根，就遇不著這念佛的法門，也遇不著佛一切的法門。因為你有善根，在往昔種這個善因，所以今生遇到這個淨土法門，而能信、願、持名。你若不繼續來栽培你這種的善根，你就不會成就將來的菩提果，所以你必須要信因、信果，信自己在往昔種下這個菩提之因，將來一定會結菩提的果。好像種田一樣，你把這個種子種到地裏頭，你必須要栽培它、灌溉它，它才能生長。栽培、灌溉，就是依法修行；依法修行，就是依照佛法修行。

信事、信理。甚麼叫信事？甚麼叫信理？你要知道阿彌陀佛和我們有大因緣，他一定會接我們去成佛，這是「事」。信理，為甚麼說我們和阿彌陀佛有大因緣？若沒有因緣，我們就遇不著這個淨土法門。阿彌陀佛也就是一切眾生，一切眾生也就是阿彌陀佛；阿彌陀佛是念佛成的阿彌陀佛，我們一切眾生如果能念佛，也可以成阿彌陀佛，這是「理」。

有這種理，有這種事，我們依照這個事理去修行，如同《華嚴經》講的「事無礙法界，理無礙法界，理事無礙法界，事事無礙法界」；在自性裏邊來講，我們和阿彌陀佛根本是一個的，所以我們都有成佛的資格。阿彌陀佛，是眾生心裏邊的阿彌陀佛；那麼眾生，也是阿彌陀佛心裏頭的眾生。因為這種關係，也就有事有理。但是這個道理，你必須要相信，也必須要去實行，不能懶惰；譬如念佛，一天比一天要增加，不是一天比一天要減少。

「信」已經講完了，再講「願」。甚麼叫願？願就是你願意的；你所願意的，你意念所趨，你的心想要怎樣，就發一個願。這個願，就是四弘誓願：「**眾生無邊誓願度，煩惱無盡誓願斷，法門無量誓願學，佛道無上誓願成。**」過去諸佛和過去的菩薩，都依照這四弘誓願，而證得佛的果位，而行菩薩道；現在的佛菩薩和未來的佛，也都是依照這四弘誓願而修行證果。

但是發願，你要先有這個信心，首先必須要信「有極樂世界」，第二要信「有阿彌陀佛」，第三要信「我和阿彌陀佛一定是有大因緣的，我一定可以生到極樂世界。」因為有這三種「信」，然後就可以發願一定要生到極樂世界去，所以才說「願生西方淨土中」，我願意生到極樂世界去，不是人家勉強叫我去的，不是有人來把我牽著去的。

雖然說阿彌陀佛來接我，但還是要我自己願意去親近阿彌陀佛，願意生到極樂世界，花開見佛，願意到極樂世界見佛聞法，要有這種的「願」，然後又要「行」。怎麼樣行？就是念佛嘛！「南無阿彌陀佛、南無阿彌陀佛……」噢！念得好像如救頭燃，好像頭要丟了，有人想要把我的頭割去，就要那麼著急地保護自己的頭。怎樣保護？就要修行了，就要念佛了。

念佛，就是實行信、願、行，這就是往生極樂世界的旅費、資糧；資糧就是旅費，就是旅行支票。到極樂世界，這也好像旅行似的，但是你要有支票，要有錢；這「信、願、行」三資糧，就是旅行支票。

法界佛教總會簡介

法界佛教總會（以下稱法總），前身為中美佛教總會，係宣公上人所創辦的國際化宗教及教育組織。本會以法界為體，以將佛教的真實義理傳播到世界各地；弘揚正法、翻譯經典、提倡道德教育、利樂一切有情為己任，俾使個人、家庭、國家，乃至世界，皆能蒙受法益，返本還原。

四眾弟子秉承上人的四大宏願：一、建立僧團；二、翻譯經典；三、創辦教育；

四、宗教聯合。為弘揚正法，除了培育人才，更致力於建立道場，以期轉法輪，作佛事，提供接引末法眾生一個恪遵佛制之清淨道場。法總自一九五九年成立以來，以位於舊金山北部一一〇英里的萬佛聖城為樞紐，相繼成立二十餘座道場，徧佈美洲、亞洲、澳洲。各分支道場均遵守上人所立下的嚴謹家風：

凍死不攀緣，餓死不化緣，窮死不求緣；
隨緣不變，不變隨緣，抱定我們三大宗旨。
捨命為佛事，造命為本事，正命為僧事；
即事明理，明理即事，推行祖師一脈心傳。

矢志奉行上人所倡導的六大宗旨：不爭、不貪、不求、不自私、不自利、不打妄語。僧眾恪守上人之規定：日中一食，衣不離體；並持戒念佛，習教參禪，和合共住，獻身佛教；日日講經說法，轉大法輪，普度眾生。

法總的教育機構，有國際譯經學院、法界宗教研究院、僧伽居士訓練班、法界佛教大學、培德中學、育良小學等。除了積極培養弘法、翻譯及教育之傑出人才之外，並推展宗教間之交流，以促進彼此團結，共同維護世界和平。

時值末法，世風險惡，本著法界佛教總會之宗旨，萬佛聖城設立全面性的佛學研究及修行中心，為國際性之道場，門戶開放，沒有人我、宗教、種族、國籍的分別；凡是各國各教人士，願致力於仁義道德、追求真理、明心見性者，皆歡迎前來修持，共同研習。

宣化上人簡傳

上人，名安慈，字度輪。一九一八年生於中國吉林省雙城縣（現屬黑龍江省）人，俗姓白。生性沉默寡言，天賦俠義心腸。十二歲起，每天早晚向天地君親師等叩八百餘頭，事親至孝。

年十九歲，母故，於墓旁結廬守孝三年，人稱「白孝子」；同年禮上常下智老和尚出家，發十八大願，拜華嚴、禮淨懺、修禪定、習教觀、日一食、夜不臥，工夫日純。得鄉里人們之愛戴禮敬，感動諸佛菩薩、護法龍天，故靈異之事多不勝數，人稱奇僧。一日打坐，見六祖大師至茅棚，告曰：「將來你會到西方，所遇之人無量無邊，教化眾生如恒河沙，不可悉數，此是西方佛法崛起之徵象。」言畢，忽而不見。守孝期滿，暫隱居長白山支脈彌陀洞內修苦行；後回三緣寺，為首座。

一九四六年，慕上虛下雲老和尚為宗門泰斗，遂束裝就道，前往參禮，萬里跋涉，備經艱苦。一九四七年，赴普陀山法雨寺受具足戒。一九四八年，抵廣東曹溪南華寺，禮上虛下雲老和尚。二人會晤，以心印心，時上人偈曰：

雲公見我云如是，我見雲公證如是；
雲公與我皆如是，普願眾生亦如是。

雲公觀其為法門龍象，遂任命為南華寺戒律學院監學。一九四九年六月，叩別雲公至廣州六榕寺；十月，赴香江弘化。一九五六年，雲公於雲居山，付以溈仰宗法脈，賜法號為「宣化」，任命上人為溈仰宗第九代嗣法人，摩訶迦葉初祖傳承之第四十五代，表信偈曰：

宣溈妙義振家聲，化承靈嶽法道隆；
度以四六傳心印，輪旋無休濟苦倫。

在香港期間，弘法演教，闡揚禪、教、律、密、淨五宗並重，打破門户之見。並重建古刹、印經造像，成立西樂園寺、慈興禪寺、佛教講堂。又創辦《心法》雜誌等，終日為弘揚大法而奔忙，使佛法興於香江。其間亦曾一度赴泰國、緬甸等地，考察南傳佛教，志欲溝通大小乘，以團結佛教力量。

一九五八年，上人觀察西方機緣成熟，為將佛教之真實義理傳播

至世界各地，遂令弟子在美成立中美佛教總會（法界佛教總會前身）。一九六一年，赴澳洲弘法一年，以機緣未熟，一九六二年返港。同年應美國佛教人士邀請，隻身赴美，樹正法幢於三藩市佛教講堂。最初六年，半隱遁於三藩市中國城，待緣而化，自號「墓中僧」。時值美蘇兩國有古巴飛彈危機之事，為求戰爭不起，世界和平，故絕食五星期；絕食畢，危機遂解。

一九六八年，機緣成熟，應華盛頓大學三十餘名學生之請，開設

「暑期楞嚴講修班」；九十六天結業後，美籍青年五人懇求剃度出家，隨後到臺灣海會寺受具足戒，這是上人在美國建立僧團之始。爾後僧團逐漸壯大，上人因而於一九七〇年成立金山禪寺，一九七六年建立美國第一座大道場——萬佛聖城，又相續成立金輪聖寺、金佛聖寺、金峰聖寺、華嚴聖寺、法界聖城、柏克萊佛寺、金聖寺、金岸法界等二十多座道場，徧佈美國、加拿大、亞洲及澳洲等地。

上人不遺餘力致力於弘法、譯經、教育、促進宗教交流，廣建道場，培植人才，光大如來正法家業。其所創辦之「法界佛教總會」旗下，除各分支道場外，尚有育良小學、培德中學、法界佛教大學、僧伽居士訓練班等教育機構，提倡道德教育，培養品格高尚、真知灼見的人才。並設有國際譯經學院，陸續將數百卷佛經譯為各國語文，為佛法在西方的傳播，奠下極扎實的基礎。

上人說：「只要我有一口氣在，就要講經說法」，因此數十年如一日，說法不輟；「將佛經翻譯成各國語言文字，把佛法播送到每一個人心裏，這才是永遠的」，因此成立譯經院，訓練弟子翻譯經典。上人對教育的看法是：「教育，就是最根本的國防！」因此積極成立中小學等各種教育機構，培育人才。上人注重佛教各派，尤其南傳和北傳的團結，以及各宗教間的交流。一九八七年在萬佛聖城舉辦「世界宗教聯席會議」；此後成立法界宗教研究院（*Institute for World Religions*），常與天主教、基督教等互相交流和理解。

「我從虛空來，回到虛空去。」一九九五年，大慈悲普度，流血汗、不休息的上人圓寂了。其實上人的一生，就是一部最感人的真經，只要循著上人的足跡，步其後塵，每個人都可以繼續上人未竟的志業。

宣化上人十八大願

一九三七年，上人在母墓旁披緇結廬守孝，至同年夏六月十九日，在佛前發願云：稽首十方佛，及與三藏法，過去現在賢聖僧，惟願垂作證：弟子度輪，釋安慈，我今發心，不為自求人天福報，聲聞緣覺，乃至權乘諸位菩薩；唯依最上乘發菩提心，願與法界眾生，一時同得阿耨多羅三藐三菩提。

一、願盡虛空徧法界十方三世一切菩薩等，若有一未成佛時，我誓不取正覺。

二、願盡虛空徧法界十方三世一切緣覺等，若有一未成佛時，我誓不取正覺。

三、願盡虛空徧法界十方三世一切聲聞等，若有一未成佛時，我誓不取正覺。

四、願三界諸天人等，若有一未成佛時，我誓不取正覺。

五、願十方世界一切人等，若有一未成佛時，我誓不取正覺。

六、願天、人、一切阿修羅等，若有一未成佛時，我誓不取正覺。

七、願一切畜生界等，若有一未成佛時，我誓不取正覺。

八、願一切餓鬼界等，若有一未成佛時，我誓不取正覺。

九、願一切地獄界等，若有一未成佛，或地獄不空時，我誓不取正覺。

十、願凡是三界諸天、仙、人、阿修羅，飛潛動植、靈界龍畜、鬼神等眾，曾經皈依我者，若有一未成佛時，我誓不取正覺。

十一、願將我所應享受一切福樂，悉皆迴向，普施法界眾生。

十二、願將法界眾生所有一切苦難，悉皆與我一人代受。

十三、願分靈無數，普入一切不信佛法眾生心，令其改惡向善，悔過自新，皈依三寶，究竟作佛。

十四、願一切眾生，見我面，乃至聞我名，悉發菩提心，速得成佛道。

十五、願恪遵佛制，實行日中一食。

十六、願覺諸有情，普攝群機。

十七、願此生即得五眼六通，飛行自在。

十八、願一切求願，必獲滿足。

結云：眾生無邊誓願度　煩惱無盡誓願斷
法門無量誓願學　佛道無上誓願成

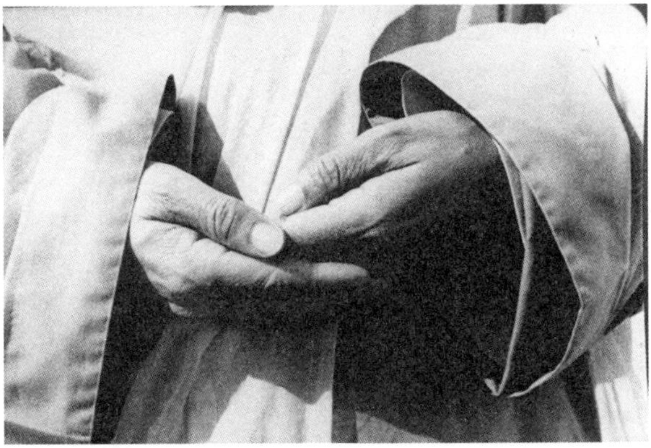

大慈菩薩迴向偈

十方三世佛，阿彌陀第一；

九品度衆生，威德無窮極。

我今大皈依，懺悔三業罪；

凡有諸福善，至心用迴向。

願同念佛人，感應隨時現；

臨終西方境，分明在目前。

見聞皆精進，同生極樂國；

見佛了生死，如佛度一切。

無邊煩惱斷，無量法門修；

誓願度眾生，總願成佛道。

虛空有盡，我願無窮。

虛空有盡，我願無窮。

南無護法韋馱菩薩

建立菩提道場 -- 百日禪系列 *3*

修行必須具備法、財、侶、地四事，1970年11月，正值百日禪期間，因緣成熟，購下三藩市十五街的一個床墊工廠，修繕後成立了金山禪寺。該處因年久失修，屋況極差，四眾弟子在上人的帶領下，同心協力，動手修整，直至次年4月工程方告一段落。這近五個月期間，弟子們藉事練心，既惜福也造福，既作工也立功，成就弟子們的修行。本書集結當時上人對修工相關的精華開示，為佛教史上留下難得的修工紀錄。

金山慈誨 -- 百日禪系列 *4*

百日禪期間，上人尊重弟子的意願，各自選擇或參禪或修工。在近五個月的修繕期間，白天，上人帶著弟子修工：因為作工辛苦，故兼講開示，讓弟子一面聽開示一面休息。晚間，又大開法筵。這段期間的豐富開示，彙集為「百日禪系列」，有《百日禪》、《高僧傳》、《建立菩提道場》、《金山慈誨》四書。前三書主題明確；本書則集結前三冊未收錄之精華開示，內容包羅萬象，可略窺期間上人如何循循善誘、觀機逗教。歡迎有緣者隨時入座，品嚐法味入心，受益無窮。

宣化上人法音宣流

百日禪 -- 百日禪系列 *1*

1970年11月15日至次年2月21日，宣化上人在舊金山的佛教講堂連續舉行十四個禪七，這九十八天稱為「百日禪」，是西方佛教史上一個里程碑。當時，為接引西方學人，上人以淺白的語彙開示參禪法門，平中見實，淺中見深，殷殷示誨，悲心切切。本書彙集了當年上人對參禪法門相關開示：如坐禪的方法、規矩、境界等，並數位禪宗祖師行誼，以見賢思齊，啟吾人之道心，誠為難能可貴之參禪指南。

高僧傳 -- 百日禪系列 *2*

佛法自東漢明帝傳入中國，迄今兩千多年。兩千多年來，幾經興衰，佛教仍在中國源遠流長，法賴僧傳，高僧大德功不可沒。 宣化上人於1970年至次年，在美國三藩市佛教講堂，百日禪期間，選出來幾位過去的高僧，講給大家聽一聽。上人觀察當時機緣，講述古今高僧數十位，鼓勵弟子學習高僧大德的行誼，老實修行，以為榜樣。今特將上人講解的「高僧傳」彙集成書，傳諸於世。

宣化上人法音宣流

佛根地 -- *1975* 年念佛法會紀實

佛根地
1975
念佛法會紀實
宣化上人開示
Buddha Root Farm
佛根地
必須要種菩提種子，
然後才能扎下佛根，
將來成就佛果。
各位到這兒來的人，
要知道這是
非常重要的一件事！

1975年，在西方佛教發展史上別具意義，美籍比爾·布萊佛邀請宣化上人在他奧立崗州的佛根地農場，舉辦戶外念佛法會。上人慈悲，於當年8月帶領四眾弟子，在此地舉辦美國首次的戶外佛七。

從美國各地前來打七的美籍人士約有五十餘位。在佛根地這個幽靜的山林裏，搭起帳篷遮風避雨，與會者在帳篷四周的走道繞佛。沿著長滿野花及金色野草的河岸，大眾一起參與儀式、誦經、打坐、聽法。

佛七期間，宣化上人生動地講解淨土法門，解說基本的修持方法，又以淺顯的語言說明深奧的佛理。為佛根地的與會大眾帶來了既富啟發性，而又正確的指示，這些都是修行者的佛法寶藏。

佛教講堂
Buddhist Lecture Hall
香港跑馬地黃泥涌道 31 號 12 樓
31 Wong Nei Chong Road, Top Floor,
Happy Valley, Hong Kong, China
Tel: (852) 2572-7644
Fax: (852) 2572-2580

慈興禪寺
Cixing Monastery
香港大嶼山萬丈瀑
Lantou Island, Man Cheung Po,
Hong Kong, China
Tel: (852) 985-5159

法界觀音聖寺（登彼岸）
馬來西亞法界佛教總會
Dharma Realm Guan Yin Sagely Monastery
(Deng Bi An)
Malaysia Dharma Realm Buddhist Association
161, Jalan Ampang,
50450 Kuala Lumpur, Malaysia
Tel: (03) 2163-7118
Hp: (+6) 014-545-9138

法緣聖寺
Fa Yuan Sagely Monastery
1, Jalan Utama, Taman Serdang Raya,
43300 Seri Kembangan,
Selangor Darul Ehsan, Malaysia
Tel: (03) 8958-5668

蓮華精舍
Lotus Vihara
136, Jalan Sekolah,
45600 Bestari Jaya,
Selangor Darul Ehsan, Malaysia
Tel: (03) 3271-9439

觀音聖寺
Guan Yin Sagely Monastery
166A, Jalan Temiang,
70200 Seremban,
Negeri Sembilan, Malaysia
Tel/Fax: (06) 761-1988

馬來西亞法界佛教總會檳城分會
Malaysia Dharma Realm Buddhist
Association Penang Branch
32-32C, Jalan Tan Sri Teh Ewe Lim,
11600 Jelutong, Penang, Malaysia
Tel: (04) 281-7728
Fax: (04) 281-7798

馬來西亞法界佛教總會霹靂分會
Malaysia Dharma Realm Buddhist
Association Perak Branch
25-33, Jalan Kampar Permai 1,
Taman Kampar Permai,
31900 Kampar, Malaysia
Tel: +(6) 019 785-9138

華嚴精舍
Avatamsaka Vihara
9601 Seven Locks Road,
Bethesda, MD 20817-9997 U.S.A.
Tel: (301) 469-8300
E-mail: hwa_yean88@msn.com
http://www.avatamsakavihara.org

金峰聖寺
Gold Summit Monastery
233 1st Avenue West,
Seattle, WA 98119 U.S.A.
Tel/Fax: (206) 284-6690
E-mail: goldsummit@drba.org
http://www.goldsummitmonastery.org

雪山聖寺
Snow Mountain Monastery
P.O. Box 272
50924 Index-Galena Rd
Index, WA 98256 U.S.A.
Tel: (360) 799-0699
Fax: (815)346-9141
E-mail: smm@drba.org

金佛聖寺
Gold Buddha Monastery
248 East 11th Avenue,
Vancouver, B.C., V5T 2C3 Canada
Tel: (604) 709-0248
E-mail: drba@gbm-online.com
http://www.gbm-online.com

華嚴聖寺
Avatamsaka Monastery
1009 4th Avenue, S.W.
Calgary, AB, T2P 0K8, Canada
Tel: (403) 234-0644 (403)263-0637
E-mail: avatamsaka@drba.org
http://www.avatamsaka.ca

法界佛教印經會
（美國法界佛教總會駐華辦事處）
Dharma Realm Buddhist Books
Distribution Society
臺灣省臺北市忠孝東路六段 85 號 11 樓
11F., 85 Chung-Hsiao E. Rd., Sec.6.,
Taipei City 11575, Taiwan, R.O.C.
Tel: (02) 2786-3022
Fax: (02) 2786-2674
E-mail: fajye@drbataipei.org
http://www.drbataipei.org
http://www.fajye.com.tw/

法界聖寺
Dharma Realm Sagely Monastery
臺灣省高雄市六龜區
興龍里東溪山莊 20 號
20 Dong-Si Shan-Jhuang,
Hsing-Lung Village, Liou-Guei Dist.,
Kaohsiung City 84445, Taiwan, R.O.C.
Tel: (07) 689-3713
Fax: (07) 689-3870
http://www.drsm-tw.org/

彌陀聖寺
Amitabha Monastery
臺灣省花蓮縣壽豐鄉
池南村富吉街 126 號
126 Fuji St., Chih-nan Village, Shou-feng,
Hualien County 97445, Taiwan, R.O.C.
Tel: (03) 865-1956、(03) 865-3426

金岸法界
Gold Coast Dharma Realm
106 Bonogin Road, Mudgeeraba,
Queensland 4213, Australia
Tel/Fax: (61) 7-5522-8788, 7-5522-7822
E-mail: gcdr.australia@gmail.com
http://www.gcdr.org.au

法界佛教總會・萬佛聖城
Dharma Realm Buddhist Association & The City of Ten Thousand Buddhas

4951 Bodhi Way, Ukiah, CA 95482 U.S.A.
Tel: (707) 462-0939 Fax: (707) 462-0949 E-mail: cttb@drba.org
DRBA Home Page: http://www.drba.org
BTTS website: www. buddhisttexts.org
CTTB Chinese Website: http://www.cttbchinese.org
E-Mail: cttbchinese@drba.org

國際譯經學院
The International Translation Institute
1777 Murchison Drive,
Burlingame, CA 94010-4504 U.S.A.
Tel: (650) 692-5912
Fax: (650) 692-5056
E-mail: drbaiti@jps.net

法界宗教研究院・柏克萊聖寺
Institute for World Religions・Berkeley Buddhist Monastery
2304 McKinley Avenue,
Berkeley, CA 94703 U.S.A.
Tel: (510) 848-3440
E-mail: paramita@drba.org
http://www.berkeleymonastery.org

金山聖寺
Gold Mountain Monastery
800 Sacramento Street,
San Francisco, CA 94108 U.S.A.
Tel: (415) 421-6117
E-mail: drbagmm@jps.net
http://goldmountainmonastery.org

金聖寺
Gold Sage Monastery
11455 Clayton Road,
San Jose, CA 95127 U.S.A.
Tel: (408) 923-7243
Fax: (408) 923-1064
http://www.drbagsm.org/zh

法界聖城
City of the Dharma Realm
1029 West Capitol Avenue,
West Sacramento, CA 95691 U.S.A.
Tel: (916) 374-8268 Fax: (916) 374-8234
http://www.cityofdharmarealm.org
http://www.cityofdharmarealm.org/education.html

金輪聖寺
Gold Wheel Monastery
235 North Avenue 58,
Los Angeles, CA 90042 U.S.A.
Tel: (323) 258-6668
E-mail: drbagwm@pacbell.net
http://goldwheel.org/en

長堤聖寺
Long Beach Monastery
3361 East Ocean Boulevard,
Long Beach, CA 90803 U.S.A.
Tel: (562) 438-8902
http://www.longbeachmonastery.org

福祿壽聖寺
Blessings, Prosperity & Longevity Monastery
4140 Long Beach Boulevard,
Long Beach, CA 90807 U.S.A.
Tel: (562) 595-4966
http://www.bplmonastery.org

國家圖書館出版品預行編目(CIP)資料

精進圓成：1972冬季佛七紀實/宣化上人作.--
初版. -- 臺北市：法界佛教總會中文出版部,
2024.08
面；　公分 -- (彌陀佛七系列；1)
ISBN 978-626-97647-3-0 (平裝)

1.CST: 佛教修持　2.CST: 佛教教化法

225.8　　　　　　　　　113007724

精進圓成

1972冬季佛七紀實

彌陀佛七系列 1

出版日　西曆二〇二四年八月十六日•初版一刷
　　　　佛曆三〇五一年七月十三日•大勢至菩薩聖誕日恭印

作　者　宣化上人
發行人　法界佛教總會•佛經翻譯委員會•法界佛教大學
地　址　Dharma Realm Buddhist Association &
　　　　The City of Ten Thousand Buddhas（萬佛聖城）
　　　　4951 Bodhi Way, Ukiah, CA 95482 U.S.A.
　　　　Tel: (707) 462-0939　　Fax: (707) 462-0949

出　版　法界佛教總會中文出版部
　　　　臺灣省臺北市忠孝東路六段 85 號 11 樓
　　　　Tel: (02) 2786-3022　　Fax: (02) 2786-2674

倡　印　美國萬佛聖城　　地址/電話：同發行人
　　　　法界佛教印經會　地址/電話：同發行人

　　　　彌陀聖寺　　電話：(03) 865-1956
　　　　臺灣省花蓮縣壽豐鄉池南村富吉街126 號

www.drbataipei.org / www.drba.org / www.drbachinese.org